150 *Jahre*
Kohlhammer

Timo Storck

Die Fallbesprechung in der stationären Psychotherapie

Konzeption und Praxis

Verlag W. Kohlhammer

1. Auflage 2017

Alle Rechte vorbehalten
© W. Kohlhammer GmbH, Stuttgart
Gesamtherstellung: W. Kohlhammer GmbH, Stuttgart

Print:
ISBN 978-3-17-031286-9

E-Book-Formate:
pdf: ISBN 978-3-17-031287-6
epub: ISBN 978-3-17-031288-3
mobi: ISBN 978-3-17-031289-0

Inhaltsverzeichnis

1 Einleitung

Eine 48-jährige Patientin, Frau C., wird in einer Tagesklinik für Psychosomatische Medizin und Psychotherapie aufgenommen, im Anschluss an ein ambulantes Vorgespräch, in dessen Nachfolge die gesprächsführende Oberärztin die Patientin mit einer »wunderlichen Jungfer« verglichen hatte. Die aufnehmende Psychologin berichtet in einer Teamsitzung vom ersten Gespräch mit Frau C.: Die Patientin komme, weil sie an Schwindelgefühlen, Schlafstörungen, häufigen Kopfschmerzen und einem Tinnitus leide. Die promovierte Biologin, die in dem Beruf allerdings nie gearbeitet habe, habe sich infolge einer misslungenen Prüfung zur Rettungswagenfahrerin sozial noch mehr zurückgezogen als bereits zuvor. Sie habe fast nur Kontakt zu ihren Eltern, es gebe keine Freundinnen oder Freunde und die Patientin habe noch nie einen Partner und/oder sexuellen Kontakt gehabt. Die Atmosphäre im Team ist während der Vorstellung angestrengt, schleppend, es gibt kaum Einfälle zur Patientin und augenscheinlich fällt es schwer, ein wirkliches Interesse an ihr aufzubringen. So stockt die Fallbesprechung, es entstehen Nebengespräche zwischen einzelnen. Auf dem Tisch in der Mitte des Besprechungsraums steht eine lilafarbene Box mit der Aufschrift »Danke« (eine kürzlich entlassene Patientin hat sie dem Team zum Abschied geschenkt), aus der sich nach und nach mehrere Teammitglieder ein Stückchen Schokolade nehmen. Die Psychologin, die die Patientin vorstellt, blickt darauf und sagt dann überrascht: »Ach, da ist was drin in der Schachtel...!«

Die konsequente Reflexion, in welcher Weise diese scheinbare Seitenbemerkung mit der Fallbesprechung anlässlich der Aufnahme der Patientin im Zusammenhang steht, ermöglicht hier dem Team einen erweiterten Blick auf die bevorstehende Behandlung: Nimmt man ernst, dass das Team (latent despekticrlich) die Patientin (»wnnderliche Jungfer«) als eigentümliche alte »Schachtel« erlebt und deren (testgemäß bestätigte) Alexithymie und scheinbare Lustferne sich in einer Gegenübertragungsreaktion von Einfallslosigkeit, Langeweile und Desinteresse zeigt, dann wird die Bemerkung der behandelnden Psychologin zur Box auf dem Tisch des Besprechungszimmer zu einer Art von freien Assoziation zum Behandlungsfall: Überrascht kann man feststellen, dass in der »alten Schachtel« *doch* etwas Süßes steckt, es mithin in der Beziehung zur Patientin *doch* etwas gibt, das mit Genuss oder Lust zu tun hat (ein weiterer Aspekt ist freilich das Intrusive, das im Bild ebenso enthalten ist). Und das kann die Frage nach sich ziehen, welchem psychodynamischen Zweck die Lust-losigkeit der Patientin und des Teams dienen mag (ich werde das Beispiel in Kapitel 2.5 und 4.7 genauer diskutieren). Es geht in dem Segment, so »verrückt« es auch klingen mag, die Bedeutung der Schachtel zu überhöhen und auf die Behandlung zu beziehen, um ein Beispiel für die Möglichkeiten psychoanalytischer Teamarbeit in einer Fallbesprechung, aus den freien Einfällen und einer Reflexion der Stimmung in der Gruppe Hypothesen für einen verstehenden Zugang zu den Behandlungsbeziehungen zu bilden (vgl. Storck, 2016b, S. 179ff.). Dazu bedarf es eines klaren methodischen Rahmens – gerade damit es nicht »nur« verrückt ist, sondern Teil professionellen Handelns sein kann.

Fallbesprechungen im Team, so die leitende Annahme des vorliegenden Buches, bieten die Möglichkeit, die zunächst unerkannt bleibenden Aspekte der unterschiedlichen Behandlungsbeziehungen der verschiedenen Berufsgruppen in einer psychotherapeutischen Klinik zusammenzuführen und zu verstehen. Fallbesprechungen werden damit zu einem Ort der Beziehungsdiagnostik gegenüber dem Erleben der behandelten Patienten[1] und gegenüber den Behandlungsbeziehungen, in denen sich Erfahrungen wiederholen. Insbesondere vor dem Hintergrund der Psychodynamik, der Struktur des Objekterlebens

---

1 Im vorliegenden Buch werden die Genera konsequent abwechselnd gebraucht, solange nicht konkrete Personen, etwa in Fallbeispielen, gemeint sind. Daher ist z. B. mit »Patienten« oder »Therapeutinnen« jeweils auch das andere Geschlecht mitgemeint.

und der leitenden Abwehrmechanismen derjenigen Patientinnen, für die eine Klinikbehandlung indiziert ist (▶ Kap. 3), ist zu erwarten, dass sich meist sehr unterschiedliche, fragmentierte Teile des Beziehungserlebens und der Beziehungsgestaltung in den therapeutischen Einzelsettings zeigen werden. Eine kurze Nebenbemerkung ist hier wichtig: Ich verstehe im vorliegenden Zusammenhang in einem sozial- oder milieutherapeutischen Sinn *alle* Behandlungsbeziehungen in einer psychotherapeutischen Klinik insofern als »therapeutisch«, als sie das Ziel einer Veränderung gegenüber psychischem und/oder psychosomatischen Leiden verfolgen. Folglich ist dann auch das sozialtherapeutische oder pflegerische Gespräch »therapeutisch«. Insofern sich also so unterschiedliche, in einigen Fällen voneinander abgespaltene Teiles des Beziehungserlebens an unterschiedlichen »Orten« der Klinikbehandlung zeigen, wird die Fallbesprechung als Ort des Zusammenführens wichtig. Darüber hinaus ist zu erwarten, dass die Behandlungsbeziehungen von – beiden Beteiligten der jeweiligen Behandlungsbeziehung – zunächst unbewusst bleibenden Dynamiken geprägt sind (gerade im Hinblick auf im stationären Setting erwartbare und zu nutzende *enactments* als wechselseitigen handlungsmäßigen Beziehungsinszenierungen; ▶ Kap. 2.4).

Die Fallbesprechung des Behandlungsteams hat also einerseits eine integrative Funktion (ohne dabei um jeden Preis Kohärenz zwischen verschiedenen Eindrücken herstellen zu müssen), andererseits eine Funktion gegenüber den latenten, unbewussten Dimensionen der Beziehungen, wie sie sich in der Behandlung zeigen. Das Team kann dabei als ein Spiegel dessen funktionieren, was von Seiten der Patienten in der Behandlung wiederholt und in Szene gesetzt wird (vgl. zuletzt Janssen, 2014, S. 272f.). Dazu bedarf es einer Struktur, die dieser potenziellen Funktion entgegenkommt und die auftretenden Phänomene systematisch nutzen kann.

Dass bestimmte Stimmungen oder Atmosphären in einem Klinikteam mit der Psychodynamik der Behandlung und damit auch der Psychodynamik der Behandelten in Verbindung gebracht werden, gehört zum Alltag der dortigen Arbeit. So kommt es etwa nicht selten vor, dass sich ein Team über eine Patientin mit Borderline-Persönlichkeitsstörung zerstreitet, die bei den einen Ärger und den Impuls, sie zu entlassen, auslöst, während es den anderen leichter fällt, sich der Patientin zuzuwenden. Damit ist ja nun gerade nicht gesagt, dass sich die einen professioneller als die anderen verhalten, sondern ein Bild der Psychodynamik entworfen, wie es sich in der Teamgruppe abbildet: Spaltungsphänomene sowie der rasche Wechsel intensiver Affekte und des Blicks auf Wertvolles/Wertloses in Beziehungen.

Solchen Phänomenen, die klinisch einen gewissen »face value« haben, nachzugehen und ein methodisches Vorgehen dafür vorzuschlagen, sie in Fallbesprechungen zu erkennen und für die Behandlung systematisch zu nutzen, ist das Anliegen des Buches. Ich entwickele darin die Konzeption einer methodisch begründeten »strukturierten Fallbesprechung«. Bei den hier vorgelegten Überlegungen und Konzeptionen handelt es sich um solche, die einem psychoanalytischen Referenzraumen entspringen und sich auf die entsprechenden Konzepte beziehen (vgl. Storck & Benecke, 2017; Storck, 2018a,b). Das anvisierte Anwendungsfeld einer »Praxisanleitung Fallbesprechung« hingegen ist breiter gefasst. Überwiegend wird im Weiteren die Rede von »stationärer Psychotherapie« sein, mehrheitlich gelten dabei die Überlegungen auch für den Bereich der teilstationären Behandlung (gesondert dazu ► Kap. 7.1). Wenn ich von »Psychotherapie« in der Klinik spreche, sind dabei all diejenigen Bereiche gemeint, in denen in Behandlungsteams (auch) psychotherapeutisch gearbeitet wird, d. h. in erster Linie psychiatrische und psychosomatische Kliniken, allerdings auch Reha-Einrichtungen oder Konsiliardienste, sofern dort Fallbesprechungsstrukturen unter den Behandelnden unterschiedlicher Berufsgruppen durchführbar sind. Ferner beziehe ich mich auf die Therapie erwachsener Patientinnen (für die Besonderheiten in der Behandlung von Kindern und Jugendlichen ► Kap. 7.3). Viele der Überlegungen weisen Querbezüge auf Teams in Organisationen auf (vgl. Lohmer & Möller, 2014), nicht zuletzt im Hinblick auf die methodische Nutzung gruppendynamischer Phänomene oder bezüglich der Institution Psychotherapie-Klinik aus organisationsstruktureller Perspektive (vgl. zur Organisation Psychiatrie, Storck, 2017f); organisationspsychologische Aspekte werden allerdings im vorliegenden Rahmen allenfalls indirekt angesprochen, das ist auch der Fall für eine institutionssoziologische Perspektive.

Bisher habe ich unkommentiert von »Fallbesprechungen« gesprochen, es ist jedoch eine allgemeine Verständigung über die im vorliegenden Buch verwendete Terminologie zu machen. Im Bereich der stationären Psychotherapie, aber auch im Feld der Inter- und Supervision, der Balintgruppenarbeit und technisch-kasuistischer Fallseminare werden unterschiedliche Begriffe verwendet. Für die Arbeit im Team gehören »Fallkonferenz«, »Teamsitzung/-konferenz« oder »Stationskonferenz« zu den wichtigsten. Mit der Stationskonferenz oder -versammlung klingt an, dass es auch Gruppensituationen gibt, an denen Patientinnen partizipieren. Meine Darstellung beschränkt sich zum einen auf solche Gruppenarrangements in der stationären (und teilstationären) Arbeit, in denen die *Behandelnden* zusammenkommen, um verstehend bzw. reflektierend in einen Austausch über einzelne Behandlungen zu kommen, und dabei Teamgruppenphänomene als Zugangsweg begreifen und nutzen. Ich ziehe dabei die Bezeichnung »Fallbesprechung« der Alternative »Fallkonferenz« vor, um zu kennzeichnen, dass auch mehr oder minder informelle Gespräche, die einzelne Teammitglieder »zwischen Tür und Angel« miteinander führen, einbezogen werden können – wenn auch zu beachten ist, dass im Sinne einer »strukturierten Fallbesprechung« bestimmte methodische Rahmenbedingungen gegeben sein sollten (▶ Kap. 5).

Für alle in den hier verwendeten Fall(besprechungs)beispielen erwähnten Patienten liegt die Einwilligung zur Verwendung des Materials vor (vgl. Storck, 2016b, zur Studie zu Behandlungsverläufen von Patientinnen mit Diagnose einer somatoformen Störung in einer psychosomatischen Tagesklinik, aus der das Material stammt).

Zum Aufbau des Buches: Im folgenden Kapitel 2 werde ich ausgehend vom Konzept der therapeutischen Gemeinschaft (T. Main; M. Jones) und unter Einbezug eines kritischen Blicks auf »Realraum« und »Fantasieraum« verschiedene Modelle stationärer Psychotherapie vorstellen: Enkes Gedanken eines *bipolaren* Modells, dessen Fortsetzung in Janssens Konzeption eines *integrativen* Modells und schließlich Küchenhoffs Vorschlag, ein *pluripolares* Modell zu verfolgen. Damit eng verbunden sind Überlegungen dazu, ob für analytisch orientierte Arbeit in einem Krankenhaus eher ein Rahmen- oder ein Bühnenmodell leitend ist: Liefert der therapeutische Kontext in erster Linie Hilfs-Ich-

Funktionen und eine Begrenzung des Agierens (Rahmenmodell) oder kann er, indem er eine »Bühne« für Beziehungsinszenierungen bereitstellt, etwas zur Anschauung bringen, dass nicht verbalisierbar ist und sich einzig in Handlungen zeigen – aber in der Folge auch durchgearbeitet werden kann (Bühnenmodell)? Ich werde dabei dahingehend argumentieren, insbesondere den *Rahmen als Bühne* zu begreifen, an dem sich (unbewusste) Beziehungsinszenierungen abspielen und einer Arbeit zugänglich werden. Dies wird unterstrichen durch eine Erörterung der Bedeutung von Agieren und Enactment und des Stellenwerts der Inszenierung in stationären Behandlungssettings und veranschaulicht anhand eines Beispiels einer Fallbesprechung.

Das dritte Kapitel setzt sich mit den Patienten auseinander, für die eine stationäre Behandlung indiziert ist. Ausgehend von einer knappen Skizze der Bedeutung von einer konfliktbezogenen und einer strukturbezogenen Sicht auf psychische Erkrankungen werde ich die Struktur des Objekterlebens der betroffenen Patientinnengruppe erörtern und in dessen Folge die leitenden Abwehrmechanismen und Übertragungskonstellationen diskutieren. Auch dies wird anhand einer Falldarstellung verdeutlicht.

Daran anknüpfend geht es im 4. Kapitel dezidiert um die theoretische Konzeption der Fallbesprechung in der stationären Psychotherapie. Dabei wird der Gedanke des »Teams als Behandlungssubjekt«, wie beispielsweise Küchenhoff ihn gebraucht, leitend sein. Orientiert an der Multiprofessionalität und Multimodalität der Teamarbeit in einer psychotherapeutischen Klinik wird entwickelt, in welcher Weise sich Konzeptionen der Balintgruppenarbeit sowie verwandte Überlegungen auf den Bereich der Fallbesprechungen in einer Klinik transferieren lassen. Den theoretischen Hintergrund dafür liefern Gedanken zu Spiegelungsphänomenen (zwischen Behandlungsbeziehung und Teamgruppe, zwischen Patientengruppe und Teamgruppe) und Parallelprozessen. Dies ermöglicht eine argumentative Absicherung dessen, dass sich psychodynamische Aspekte von Patientinnenbehandlungen auch in einem Feld (der Fallbesprechung) zeigen können, an dem die zu Behandelnden aktuell jeweils nicht partizipieren. Wie sie dort verstanden, also auch: reflektiert, werden können, zeigt ein Abschnitt zum szenischen Verstehen, dass sich für Klinikbehandlungen notwendigerweise sowohl auf die Inszenierungen eines Patienten richtet, wie sie sich auf der »Bühne Klinik« und deren einzelnen Beziehungen zeigen, als auch auf die Szenen, die sich zwischen den Behandelnden in einer Fallbesprechung konstellieren. Ich werde dabei begründen, weshalb Verdichtungen von objektive, subjektiven und szenischen »Daten« in einer Fallbesprechung zu szenischen »Teamkrisen« führen, die verstanden werden können und müssen. Überlegungen zur Validität des Teamverstehens berühren die Frage nach dem Verhältnis der »Eigen(psycho)dynamik« eines Teams (einschließlich der Rahmung durch die Institution Krankenhaus) und dessen Möglichkeiten, etwas von der Psychodynamik der Behandelten aufzunehmen. Eine Diskussion erfährt dabei die Frage nach der Leistungs- oder Moderationsstruktur einer Fallbesprechung. Auch zu diesem Kapitel gibt es abschließend ein Fallbeispiel, das sich an der Teambesprechung orientiert.

Dies ermöglicht im Kapitel 5 die Zusammenstellung von »Praxisempfehlungen« für die Durchführung von Fallbesprechungen in psychotherapeutischen Kliniken, die sich in Fragen des »Settings« einer Fallbesprechung und deren »Grundregeln« unterteilen lassen. Dabei wird der Frage gefolgt, welche methodischen Bedingungen erforderlich sind, um eine »strukturierte Fallbesprechung« im hier entwickelten Sinn nutzen zu können. Dabei erfährt auch die Frage nach dem Verhältnis von Fallbesprechung und externer Supervision ein gesondertes Augenmerk. Außerdem werden Hinweise zur Bildung eines psychodynamischen Behandlungsfokus‹ durch eine Teamgruppe gegeben. Ferner werden außerdem Skizzen »typischer« Teamkonstellationen vorgestellt (das alberne Team, das zerstrittene Team, das gelangweilte Team u. a.), sowie ein weiteres Fallbeispiel gegeben.

Das 6. Kapitel widmet sich der Frage, wie das Ergebnis einer solcherart durchgeführten Fallbesprechung den einzelnen Behandlungen vermittelt wird. Grundlegend ist dabei zu prüfen, welches die »Grenzen der Deutbarkeit« angesichts der Patientinnengruppe im stationären Setting und angesichts des begrenzten zeitlichen Rahmens sind. Zunächst wird dabei die Bedeutung des *containments* im Sinne Bions, also des Bereitstellens eines »aufnehmenden« Raumes für z. B. überflutende Affekte auf Seiten der Patienten, und die »vorverdauende« Arbeit damit für Teambehandlungen und Fallbesprechungen herausgestellt. Gerahmt durch allgemeine Überlegungen zur analytisch begründeten Deutungstechnik und dem Verhältnis von Fallverstehen und Intervention werden zwei Beispiele für Techniken modifizierter psychoanalytischer Behandlungsverfahren für den stationären Rahmen vorgestellt: solche der übertragungsfokussierten Psychotherapie (transference-focused psychotherapy TFP; Kernberg, Clarkin u. a.) und solche der mentalisierungsbasierten Therapie (mentalization-based therapy MBT; Bateman u. a.). Auch hier kann ein Fallbeispiel das Gemeinte veranschaulichen.

Schließlich geht es im Kapitel 7 um den Bezug zu speziellen psychotherapeutischen Settings und Patientinnengruppen. Zunächst werden Überlegungen zur Spezifität tagesklinischer Behandlungen und zu akupsychiatrischen oder forensischen Settings entwickelt, bevor die Arbeit mit Kindern und Jugendlichen und deren Ausdruck in Fallbesprechungen zum Thema wird. Danach werde ich abschließend den Bezug zu Teamkonzeptionen in der kognitiven Verhaltenstherapie herstellen.

Das Buch wird mit einem Fazit beschlossen, welches auch einen Ausblick auf weitere empirische Prüfungen zu Fallbesprechungen liefert.

Ich danke dem Kohlhammer-Verlag, namentlich Ruprecht Poensgen und Celestina Filbrandt, für die angenehme Zusammenarbeit in der Realisierung des Vorhabens. Merve Winter und Bernhard Janta habe ich für wertvolle inhaltliche Kommentare und Diskussionen zu danken, Judith Krüger hat außerdem dankenswerterweise Aufgaben in der formalen Fertigstellung des Manuskripts übernommen. Christian Sell danke ich für die Zusammenarbeit in der Studie, aus der das Fallmaterial entnommen ist.

Heidelberg, September 2016
Timo Storck

2 Theoretischer Hintergrund

In diesem Kapitel geht es um die Diskussion einiger Konzepte und Elemente stationärer Psychotherapie, in erster Linie spielt es dabei eine Rolle, wie die Zusammenarbeit verschiedener Mitglieder eines Behandlungsteams konzipiert wird. Stationäre Psychotherapie ist augenscheinlich etwas anderes als die bloße Kumulation verschiedener Behandlungsangebote in Psychotherapie, medizinischer und pflegerischer Versorgung, Ergo- und Kunsttherapie, Physiotherapie und Sozialberatung, sondern die Elemente einer Klinikbehandlung wirken in besonderer Weise zusammen (vgl. Janssen, 1987; 2012; Janta, in Vorb.). Und dabei nehmen sie einen Aspekt der Psychodynamik der stationär behandelten Patienten auf, nämlich deren Neigung zur Inszenierung, d. h. dem In-Szene-Setzen ihrer inneren Welt (was sowohl einen Widerstands- als auch einen kommunikativen Aspekt hat; ▶ Kap. 3). Eine psychotherapeutische Klinik bietet dem eine Bühne und dies in besonderer Hinsicht, nämlich in Form eines so genannten »Spaltungsangebots« (etwa bei Zwiebel, 1987, S. 128f.) das die Tendenz zu einer »Übertragungsspaltung« (etwa bei Janssen, 1987, S. 56) aufgreift und nutzt, indem professions- und personenspezifisch unterschiedliche Beziehungsangebote gemacht werden, welche unterschiedliche Facetten des Beziehungserlebens und der Beziehungsgestaltung aufnehmen. Insofern diese zusammengeführt werden müssen, um einer Patientin Veränderung zu ermöglichen, bedarf es einer Konzeption der Zusammenarbeit im Verstehen und im therapeutischen Prozess.

2.1 Das Konzept der therapeutischen Gemeinschaft

Die »therapeutische Gemeinschaft« – laut Whiteley und Gordon (1979; zit.n. Kernberg, 1984, S. 471) einer der »meist mißbrauchten und mißverstandenen Begriffe[.] der modernen Psychiatrie« – als ein konzeptuelles Modell stationärer Therapie wurde einerseits von Main und andererseits von Jones ab den 1940er/1950er Jahren geprägt (vgl. zum Weiteren auch Storck 2016b, S. 277ff.). Allerdings kann mit Schultz-Venrath (2011, S. 2) herausgestellt werden, dass bereits Bierers Vorstellungen einer »triadischen Psychotherapie« (die Kombination aus Einzeltherapie, Gruppentherapie und »situationsbezogener« Psychotherapie) aus den 1930er Jahren als ein wichtiger Vorläufer angesehen werden kann. Einen weiteren Grundpfeiler stellt der sozialpsychiatrische Ansatz Sullivans (z. B. 1938/39) dar (bzw. der in Chestnut Lodge im Umfeld Fromm-Reichmanns vertretene Ansatz; vgl. insbesondere Foudraine, 1971).

Hilpert und Schwarz (1981, S. 10) bezeichnen die therapeutische Gemeinschaft als einen »konzeptuelle[n] Neuansatz institutioneller Behandlungspraxis« und zugleich als eine »soziale Reformbewegung«, die ihre Wurzeln in der Arbeit in britischen Krankenhäusern während des zweiten Weltkriegs hat und insbesondere ab den 1950er Jahren in Großbritannien eingeführt wurde. Sie ist »interdisziplinär orientiert« und nimmt »Einflüsse aus Psychiatrie, Psychoanalyse, Psychologie, Soziologie und Anthropologie« auf (a.a.O., S. 11). Es handelt sich dabei nicht um eine Behandlungsmethode, sondern vielmehr um einen »breit angelegte[n] programmatische[n] Entwurf, der auf die Neustrukturierung des Krankenhauses als einer therapeutischen Institution hinzielt« (a.a.O., S. 20).

Dabei trägt Main (1946) erstmals Leitgedanken des Konzepts zusammen, insbesondere das Schaffen einer gemeinschaftlichen, sozialen Struktur im Krankenhaus, welche die Möglichkeiten und Notwendigkeiten der Patienten zur (sozialen) Verantwortungsübernahme ins Zentrum rückt. Ferner argumentiert er für eine nicht-hierarchische, aber verantwortungsvolle (d. h. gemäß seiner Kompetenzen eingesetzten)

Rolle der Psychiaterin und für die nötige Diskussion unter den Behandelnden mit dem Ziel einer »Erweiterung der sozialen Kompetenz des Personals« (a.a.O., S.44). Als therapeutische Ziele formuliert Main: »Die Sozialisierung neurotischer Antriebe, ihre Umformung auf soziale Erfordernisse hin innerhalb eines realistischen Bezugsrahmens, die Stärkung des Ichs, die zunehmende Fähigkeit, echte und selbstverständliche soziale Beziehungen einzugehen, die Umformung von Über-Ich-Forderungen« (a.a.O., S.45). Um diese Ziele zu erreichen, schlägt er die Einrichtung »passender Untersuchungsinstrumente« vor, »z. B. Gruppen, die sich treffen, um Konflikte innerhalb von Gruppen und zwischen den Gruppen besser zu verstehen« (Main, 1977, S.58).

Hilpert und Schwarz (1981, S.13) bezeichnen als das Anliegen Jones', der als zweiter Begründer der »therapeutischen Gemeinschaft« gilt, das Schaffen einer »systematische[n], gemeinsam von Patienten und Mitarbeitern zu entwickelnde[n] Änderung der sozialen Struktur einer psychiatrischen Behandlungseinrichtung, in der die Sozialanalyse [...] wichtigstes Anliegen und Grundlage eines sozialen Lernprozesses ist«. Jones (1968, S.27) hebt hervor, dass die »Fähigkeiten eines gut ausgebildeten und qualifizierten Psychiaters [...] weitgehend unwirksam gemacht werden, wenn die soziale Umgebung, in der die Behandlung erfolgt, unbefriedigend ist«. Die Umsetzung eines Konzepts therapeutischer Gemeinschaft ziele auf das Nutzen des »Potenzials von Personal, Patienten und deren Angehörigen« für den Behandlungsprozess. Dabei ist wichtig, dass nicht einzig auf die Gruppe der Patienten als »Gemeinschaft« (mit einer selbstwirksamen Aufgabe) geblickt wird, sondern dass die gesamte Klinik, einschließlich also der Behandelnden, zum Milieu oder zur sozialen Gruppe wird. Das zieht neben dem nötig und möglich werdenden Blick auf die Beteiligten an der Klinikbehandlung als einer Gesamtgruppe eine zweite Folgerung nach sich, nämlich die erforderliche professionelle Reflexion von Teamprozessen und der eigenen Rolle auf Seiten der Behandelnden. Für diese haben die Klinik und ihre Konzeption die Bedingungen herzustellen. Aus der Sicht von Jones wird »das Leben im Spital« so »zu einer Art von lebendigem Laboratorium, in dem Krisen, statt daß sie als lästig und unnötig empfunden werden, als Lernsituationen ausgewertet werden können« (a.a.O., S.35). In der therapeutischen Gemeinschaft, die von einer »soziale[n]« und »demokratische[n], egalitäre[n] Struktur« geprägt sei, werde »Autorität« jeweils an den Bereich delegiert, »in dem die Probleme auftauchen« (a.a.O.). Zum einen ergibt sich daraus, dass Krisensituationen nicht (zuallererst) im Rahmen einer Klinikhierarchie bewältigt werden sollen, zum anderen, dass die Krisensituationen selbst zum vorrangigen Material der Diagnostik werden.

Das wiederum ist nur möglich, wenn die Qualifikation der Behandelnden aller Bereiche und die konzeptionelle Struktur der Klinik, insbesondere die Besprechungsstruktur, dafür den Rahmen liefern. Jones formuliert:

> »Außerordentlich viel Zeit wird für die Untersuchung der sozialen Struktur des Spitals eingeräumt. Die Rolle des Patienten und jedes einzelnen Mitglieds des Personals bildet Gegenstand einer ständigen, genauen Beobachtung; dasselbe gilt für die Rollenbeziehungen zwischen den verschiedenen Untergruppen und Disziplinen. Eine Untersuchung der Rollenbeziehungen ist in einer Großzahl der bereits beschriebenen Gruppensituationen möglich. Dadurch ergibt sich von selbst, daß *in der Rückschau, die auf jede Abteilungssitzung oder therapeutische Gruppe folgt, die Rollenbeziehungen zwischen Ärzten, Pflegepersonal, Sozialarbeiter, Beschäftigungstherapeuten und so fort einer genauen Überprüfung unterzogen werden.*« (a.a.O., S. 36; Hervorh. TS).

Die Funktion der therapeutischen Gemeinschaft geht über so eine »genaue Überprüfung« gleichwohl wesentlich hinaus, denn aufgrund ihrer »flexible[n] Organisation« sind auch »Ausgleichsmöglichkeiten«, also Veränderungen in den Rollenbeziehungen, möglich (a.a.O., S. 43). Rollen werden nicht nur erkannt, sie werden therapeutisch genutzt.

Die Grundsätze der therapeutischen Gemeinschaft beziehen sich folglich, so Janssen (1987, S. 43f.) auf die Struktur des Teams, auf dessen Leitung, auf die therapeutische Haltung gegenüber den Patientinnen und auf die »therapeutischen Funktionen der Patienten selbst«. Er bezeichnet es als einen »wesentliche[n] Beitrag, den Verfechter der therapeutischen Gemeinschaft zur Theorie der Teamarbeit im Krankenhaus geleistet haben«, dass es um die »Idee von der persönlichen Gleichheit im Team und der Differenzierung der therapeutischen Aufgaben« geht.

Hilpert und Schwarz (1981, S. 16ff.; Hervorh. aufgeh. TS) fassen als Grundsätze des Konzepts der therapeutischen Gemeinschaft zusammen:

1. *Auffassung der therapeutischen Institution als sozialer Organismus*, »dessen einzelne Teilbereiche miteinander zusammenhängen, sich gegenseitig beeinflussen, behindern oder aktivieren.« Dazu sei eine »horizontale demokratische Struktur« erforderlich, die auch eine »Reduktion der sozialen Distanz aller Gruppierungen im Krankenhaus« einschließt. Autorität und Entscheidungsbefugnisse können so von verschiedenen Personen übernommen werden, wenn auch eine ärztliche Leitungsverantwortung nicht in Gänze verschwindet.

2. *Konzeption des Krankenhauses als* »*therapeutisches Feld*«, das über die »therapeutische Zweierbeziehungen« hinausgeht und in dem allen Behandelnden therapeutische Funktionen zukommen. Es gelte das »Prinzip der persönlichen Gleichwertigkeit aller, trotz unterschiedlicher Funktionen«.

3. *Verzicht auf* »*Affektneutralität*«, d. h. »Öffnung der therapeutischen Beziehung für die Gefühlsgehalte verbaler und nonverbaler Kommunikation«.

4. *Enge Zusammenarbeit der Gruppe der Behandelnden.* Das schließt das »koordinierte[.] therapeutische[.] Vorgehen[.]« ebenso ein wie die Einsicht, dass »emotionale Spannungen innerhalb des Teams« eine »Spiegelung« in der Patientengruppe finden und umgekehrt. Die Kontinuität des Teams sei unerlässlich und der spezifische Beitrag jedes Mitglieds zu würdigen.

5. *Bestätigung und Förderung des* »*therapeutische[n] Potentials*« der Patientinnen. Diesen sollen dort »Verantwortung und Aktivität« überlassen werden, wo sie »kompetent und selbst betroffen sind«.

6. *Gelegenheit zur freien,* »*repressionsfreien*« *Kommunikation* zwischen den Beteiligten, was Spontaneität und Emotionalität in den Blick kommen lässt.

7. *Ein Prinzip* »*größtmöglicher Toleranz* gegenüber dem Verhalten und den Äußerungen jedes einzelnen Mitglieds der Behandlungsgemeinschaft«. Das erfordere die »offene Anerkennung und Klärung

von Schwierigkeiten« sowie die »prinzipielle Bereitschaft zum Wandel«. Als Beispiel wird der Umgang mit dem Agieren genannt, auf das ich in Kapitel 2.4 noch genauer eingehen werde.

8. *Reflexion aller Vorgänge in der Gemeinschaft* »als Grundlage des ›sozialen Lernens‹«. Der »Schutz der Institution« ermögliche dabei eine Erprobung sozialer Aktivitäten, im Rahmen gemeinsam erarbeiteter »Regeln des Zusammenlebens«.

9. *Einrichtung* »*angemessene[r] Untersuchungs- und Interventionsinstrumente*« der therapeutischen Institution. Darunter fallen (regelmäßige) Stationsversammlungen und die kontinuierliche Teamarbeit.

10. *Freie Kommunikation der* »*Behandlungsgemeinschaft zu ihrer Umwelt*«. Damit ist der Einbezug von Angehörigen gemeint, die »offene Tür« der Einrichtung im ganz konkreten Sinn sowie das Prinzip der »Belastungserprobung« und Strukturen der Nachsorge bzw. Anschlussbehandlung.

Anhand dieser Übersicht wird deutlich, dass der soziale Gedanke in der Einrichtungsreform nicht allein ein humanistisches Motiv ist, sondern – das wird weiter zu entwickeln sein – konsequent das Geschehen in einem Krankenhaus als beziehungshaft begreift und daraus professionelle Konzepte ableitet. Für den vorliegenden Zusammenhang sind vor allem die Aspekte relevant, in denen es um die Stellung der Teammitglieder zueinander und um die »Untersuchungs- und Interventionsinstrumente« der Behandelnden als Team geht. So schreiben auch Hilpert und Schwarz (1981, S. 20), »daß das Studium der Dynamik einer Stationsgruppe oder eines einzelnen Patienten nicht vollständig sein kann ohne die Untersuchung der Dynamik der Interaktionen der Mitarbeiter«. Daraus ergebe sich »die Notwendigkeit einer regelmäßigen Teamarbeit, die es erlaubt, Schwierigkeiten innerhalb des Teams, die z. B. durch Rivalitäten, Ehrgeizhaltungen, Opferhaltungen hervorgerufen werden, zu erkennen und eine gleichsinnige therapeutische Einstellung zu gewinnen«. Eine wichtige Weiterführung der Ideen der therapeutischen Gemeinschaft findet sich in Arbeiten zur Milieutherapie (z. B. Heim, 1985).

Soll nun das Konzept der therapeutischen Gemeinschaft (zur Bewertung kritischer Einwände, insbesondere die Gefahr der Rollendiffusion, vgl. Hilpert & Schwarz, 1981, S. 26ff.; genauer bei Rapoport, 1960[2]) mehr sein als bloß »ein Schlachtruf, ein Zauber und eine Losung« (Clark, 1965, S. 947) oder der »schwierige[n] Synthese zwischen den Prinzipien der therapeutischen Gemeinschaft und der psychoanalytischen Denkweise« (Hilpert & Schwarz, 1981, S. 33) zuversichtlicher nachgegangen werden, muss geprüft werden, wie die gegenwärtige Praxis, die diesem Grundsatz folgt, aussehen kann und es müssen Vorschläge für eine Integration der Grundsätze in professionelles Arbeiten gemacht werden. Main (1977, S. 65) ist der Auffassung, dass das Konzept der therapeutischen Gemeinschaft eine »Erweiterung Freudscher Erkenntnisse« sei, »denn sie beruht [...] auf dem Studium unbewußter Prozesse«: »Ihr Merkmal ist nicht eine besondere soziale Struktur, sondern die Kultivierung einer auf Klärung und Verständnis ausgerichteten therapeutischen Atmosphäre. Dafür werden Untersuchungsinstrumente benötigt, z. B. verschiedenartige Gruppen, für die Probleme, die auf individueller und zwischenmenschlicher Ebene sowie beim Zusammenwirken der verschiedenen Systeme und beim Studium der Impulse, Widerstände und Beziehungsbildungen sichtbar werden.« Main (1957) selbst legt einen ausführlichen Bericht vor, in dem er die Arbeit einer Teamgruppe in der Diskussion von Behandlungen diskutiert und methodische Grundlagen entwirft, auf die ich später zurückkommen werde.

---

2 Im Wesentlichen wäre dazu die Frage zu stellen, in welcher Weise Demokratisierung (Mitbeteiligung an Entscheidungsprozessen) oder »absolute« Toleranz der Gesundung der Patienten dienen, gegenüber denen die Einrichtung immerhin einen Versorgungsauftrag hat, wodurch notwendigerweise eine Asymmetrie in der Beziehung entsteht. Insbesondere Rapoport (1960) hebt dabei die Gefahr einer nötig werdenden »Resozialisierung« im *Anschluss* an eine Klinikbehandlung hervor. Hilpert und Schwarz (1981, S. 29) fassen das so zusammen: »Unter dem sozialen Druck der Therapiestation können Verhaltensänderungen entstehen, die nach der Entlassung wieder verschwinden.« Weiter unten werde ich diese Problematik aufgreifen, wenn es um die Frage danach geht, ob und wie die Klinik mehr etablieren kann als eine »Hilfs-Ich-Funktion«.

Ein weiterer Strang in der Entwicklung stationärer Behandlungen durch ein Team ist die Entwicklung der Gruppenanalyse, auf die ich hier nur knapp eingehen kann.

Sie ist eng mit den Arbeiten Bions und Foulkes' verbunden (vgl. zu deren Verbindung zur therapeutischen Gemeinschaft z. B. Main, 1977). Bions Arbeiten zur Gruppenanalyse (vgl. a. Sandner, 1986; Haubl, 2014, S. 338) beziehen sich im Wesentlichen auf die Unterscheidung zwischen einer »Arbeitsgruppe« und einer Gruppe, deren Dynamik auf »Grundannahmen« beruht (Bion, 1961). Während der erste Gruppentyp »ins Arbeiten kommt«, werden im zweiten Veränderungsbewegungen gestoppt oder verunmöglicht. »Arbeitsgruppe« soll für Bion »eine bestimmte Art psychischer Aktivität« bezeichnen und »nicht die Menschen, die sich ihr widmen«. Diese Aktivität richte sich auf eine Aufgabe (die »Lösung der Probleme«), stehe in Beziehung zur Realität, ihre Methoden seien rational und wissenschaftlich und bei ihr »kooperieren alle miteinander, je nach den Fähigkeiten der Einzelnen« (a.a.O., S. 104). Die Arbeitsgruppe »erkennt sowohl die Notwendigkeit des Verstehens wie die der Entwicklung« (a.a.O., S. 118). Die Arbeitsgruppentätigkeit werde »behindert, abgelenkt und manchmal auch gefördert durch gewisse andere psychische Aktivitäten, die ein Attribut miteinander gemein haben: mächtige emotionale Tendenzen.« (a.a.O., S. 106). Für Bion »erwachsen« diese Tendenzen aus »Grundannahmen [...], die der ganzen Gruppe gemein sind«. Die erste Form der Grundannahmen nennt Bion die der Abhängigkeit, ihr folgend ist »die Gruppe zusammengekommen [...], um von einem Führer betreut zu werden, von dem sie Schutz und Nahrung – materielle und geistige – erhält« (a.a.O., S. 107). Der Führer müsse keine konkrete Person und schon gar nicht der Gruppenleiter sein, sondern es könne auch eine abstrakte Idee (z. B.: die gemeinsame Geschichte der Gruppe) diese Funktion übernehmen. Als zweite beschreibt Bion die Grundannahme der »Paarbildung«: Bion führt dazu aus, wie sich in einer Gruppe die Interaktion zweier Mitglieder von den übrigen isoliert – und diese Paarbildung aber von allen mitgetragen wird, in einer »Atmosphäre hoffnungsvoller Erwartung« oder messianischer Hoffnung, die sich auf eine Zukunft richtet, in der alles besser und angenehmer sein wird (a.a.O., S. 109f.). Diese beruhe darauf, dass der »Führer« der Gruppe noch »ungeboren« sei und gleichsam aus dem Paar heraus entstehen werde, und diene dem Schutz vor »Haß, Destruktivität und Verzweiflung« (a.a.O., S. 110). Die dritte Art der Grundannahmen ist schließlich die der »Kampf-Flucht-Gruppe«, in welcher diese sich »zusammengefunden habe, um gegen etwas zu kämpfen oder davor zu fliehen« (a.a.O., S. 111). Auch hier gebe es einen Führer, dem allerdings die Aufgabe zukomme, für die Aggression der Gruppe (Kampf) ein äußeres Ziel bereitzustellen oder ihre Flucht zu ermöglichen. Dieser Gruppe fehle »völlig die Fähigkeit, Verstehen als Methode zu begreifen« (a.a.O., S. 117). Grundannahmengruppen unterscheiden sich von Arbeitsgruppen dadurch, dass ihre Struktur »sofort da« sei, »automatisch und triebhaft«, und dass von den Einzelnen »keine Fähigkeit zur Kooperation« gefordert sei (a.a.O., S. 112). Entscheidend, und das ist meiner Auffassung nach mit Bions Bemerkung gemeint, die Arbeitsgruppe werde von den Grundannahmen u. U. auch gefördert, ist dabei, dass das Erkennen, Deuten und Verändern der Grundannahmen als die Aufgabe der Gruppe als Arbeitsgruppe erscheint, nämlich die »Lösung der Probleme« im Sinne eines Verstehens und die dadurch mögliche Veränderung. Anders gesagt: Die Gruppe arbeitet ja gerade am Abbau der Grundannahmen. Die Kooperation der Mitglieder einer Arbeitsgruppe ist sowohl Mittel als auch Ziel.

Aus den gruppenanalytischen Arbeiten von Foulkes (1964) stammt das Konzept der Gruppenmatrix: »Die psychische Matrix der Gruppe als Ganzes, in welcher sich alle intrapsychischen Prozesse abspielen, ist die Basis aller Überlegungen« (a.a.O., S. 9)[3]. Die »Interaktions-Matrix in der therapeutischen Gruppe«, die vor dem Hintergrund der Annahme begriffen wird, dass der oder die Einzelne immer in Bezug zu »Konflikten und Spannungen seiner Stammgruppe« zu sehen sei, wird von Foulkes explizit als »das Äquivalent der Übertragungsneurose« im

---

3 Wie bereits bei der Darstellung des Ansatzes Bions übergehe ich hier auch wichtige Teile der Foulkes'schen Auffassung (etwa die Bezüge der Gruppenmatrix zu den psychischen Instanzen oder die Frage der Symbolbildung) und stelle auch nicht die technischen Aspekte dar. Vielmehr geht es mir um Vorbereitungen der konzeptuellen Grundlagen, auf denen eine Teamgruppe in Fallbesprechungen psychodynamisch arbeiten kann.

ambulanten Setting gesehen (a.a.O., S. 33). Die Konstellation einer spezifischen Matrix ist also eines der Ziele der gruppenanalytischen Arbeit, insofern sich hier die Konflikte bzw. Symptome in einem überindividuellen Sinn zeigen und bearbeitbar werden. Foulkes definiert die Matrix als »das hypothetische Gewebe von Kommunikation und Beziehung in einer gegebenen Gruppe. Sie ist die Basis, die letzten Endes Sinn und Bedeutung aller Ereignisse bestimmt, und auf die alle Kommunikationen, ob verbal oder nicht verbal, zurückgehen« (a.a.O., S. 33). Er unterscheidet vier Kommunikationsebenen: aktuelle, projektive, primordiale und Übertragungsebene. Auch psychoanalytische Grundregeln finden sich Foulkes zufolge in der Gruppenanalyse wieder: Er spricht von »freiströmender Diskussion« und von »kollektiver Assoziation« (oder auch »freier[r] Gruppenassoziation«; a.a.O., S. 173f.) in Relation zur Gruppe als Ganzes bzw. der Gruppen-Matrix (a.a.O., S. 141). Er schreibt, durch die Instruktion an die Gruppenmitglieder, frei zu assoziieren, habe er eine Modifikation der Assoziationen durch die Gruppensituation erkannt. Diesem Prozess habe er den Namen »frei fließende Diskussion« gegeben und weiter sei ihm bewusst geworden, »daß man die Äußerungen der Gruppe als ein Äquivalent der freien Assoziation des Individuums betrachten kann, wenn man die Gruppe als Ganzheit sieht.« (a.a.O., S. 173f.). Es gehe darum, »daß die Gruppe als ganzes assoziiert, antwortet und reagiert. Die Gruppe bedient sich zwar einmal des einen Sprechers, einmal des anderen, aber immer ist das transpersonale Netzwerk sensibilisiert, äußert sich und reagiert.« (a.a.O., S. 175). Dafür ist die Gruppenmatrix die »operative Basis aller Beziehungen und Kommunikationen« und in ihr werde das Individuum als »Knotenpunkt« und als ein »offenes System« aufgefasst (a.a.O., S. 174).

Konzepte von unbewusster Gruppenfantasie oder Übertragung »auf« die Gruppe bzw. aus dieser heraus sind dabei entscheidend (bei Foulkes die sogenannte »T-Ebene«). Das Besondere dieser aus psychoanalytischen Einzelbehandlungen erwachsenen Konzepte in Gruppensituationen liegt darin, dass Dynamiken theoretisch beschreib- und klinisch deutbar werden, die sich nicht »am Individuum festmachen« lassen. Argelander (1972) liefert eine systematische Zusammenstellung gruppenanalytischer Prozesse und führt dies in die Konzeption der Ba-

lintgruppe als Methode von Klinik und Forschung fort, die in Kapitel
4.2 aufgegriffen werden wird. Zur Übertragung in Gruppen formuliert
er die Erkenntnis,»daß sich in der Gruppe ein Übertragungsphänomen
an verschiedenen Personen gleichzeitig manifestiert. Es wirkt wie ein
Zentrum, von dem aus verschiedene Verhaltenseinstellungen mobilisiert werden. Das Übertragungsthema wird sozusagen in mehreren
Rollen verkörpert.« (a.a.O., S. 23). Insbesondere die Übertragung der
Gruppe auf den (analytischen) Gruppenleiter steht im Vordergrund, so
etwa im Ansatz von Ohlmeier (1975).

Der Gedanke unbewusster Gruppenfantasien weist einen Bezug zu
einigen weiteren Bemerkungen Freuds auf, die weniger gruppen- als
massenpsychologisch konzipiert sind (vgl. Freud 1921c), nämlich die
Anbindung an regressive Prozesse (in erster Linie eine gruppenbezogene Ich-Regression), in denen das Fantasiegeschehen bewusstseinsnäher
wird. Für Gruppenprozesse ist dies dahingehend von spezifischer Bedeutung, als die sogenannten Ich-Grenzen bzw., in anderer Terminologie: die Selbst-Objekt-Grenzen, in einer der Progression dienenden
Weise aufgelockert werden.

Sowohl im Hinblick auf den Übertragungsbegriff als auch im Hinblick auf den der unbewussten Fantasie muss allerdings gesagt werden,
das bestimmte metapsychologische, theorieimmanente Probleme vor-
erst ungelöst sind, die sich ergeben, wenn man Konzepte des Psychischen auf Soziales, wenn auch Sozialpsychologisches, transferiert. Immerhin sind sowohl Übertragung, vermittelt über die Konzeption der
Objektrepräsentanzen, als auch (unbewusste) Fantasie psychoanalytisch an (wenngleich intersubjektive) Entwicklungsverläufe des individuellen Psychischen gebunden bzw. an (frühe) psychosomatisch vermittelte Bildungsprozesse. Dies auf eine Gruppensituation zu übertragen,
bedarf metatheoretischer Vermittlungsarbeit, die weitgehend noch zu
leisten ist, hier gleichwohl den Rahmen sprengen würde.

2.2 Fantasieraum und Realraum, bipolare, integrative und pluripolare Modelle

Ich komme zurück zu den (analytischen) Konzeptionen der psychotherapeutischen Arbeit im stationären Behandlungssetting im engeren Sinn. Die Überlegungen von Main oder Jones zur therapeutischen Gemeinschaft finden insbesondere im deutschsprachigen Raum eine Fortsetzung in den Konzeptionen von Fantasie- bzw. Übertragungsraum auf der einen und Realitätsraum auf der anderen Seite (vgl. u.v.a. Hau, 1968; Heigl & Nerenz, 1975; Beese, 1978; Heigl & Neun, 1981; Janssen, 1987, S. 52ff.; Schepank & Tress, 1988; von Rad, 1990; Bardé, 1993, S. 56ff.). Die Unterscheidung zwischen Fantasieraum und Realitätsraum geht auf Enke (1965) zurück und folgt im Wesentlichen der Frage nach der Schwierigkeit psychoanalytischen Arbeitens im Klinik-Setting: Angesicht neu zu bewertender Konzepte und Phänomene von Übertragung/Gegenübertragung, Widerstand oder Abstinenz hält Enke es für erforderlich, deutlich zwischen dem »Raum«, in welchem Konflikte und unbewusste Fantasien gefördert und bearbeitet werden, und dem »Raum«, der die soziale Situation der Klinik als »Lebensgemeinschaft« betrifft, zu trennen. Im Hintergrund dessen steht die Annahme, dass zum einen diejenigen Patientinnen, für die eine Klinikbehandlung indiziert ist (▶ Kap. 3), meist die Behandlung bereits mit einem hohen Maß an Regression beginnen, und dass zum anderen die Klinik als solche ein Regressionsangebot mache[4] (durch ihre versorgende Funktion samt aller symbolischen Bedeutungen, die dies annehmen kann). Sollte nun die Klinik als solche durch ihr Behandlungskonzept die Regression weiter fördern (vgl. allgemein dazu z. B. Zauner, 1978), würde dies eher zu malignen, jedenfalls nicht zu Heilungsprozessen führen (vgl. Matakas, 1988, zur Kri-

---

4 Janssen (1987, S. 57) bringt die Frage auf den Punkt: »Wie können die intensiven Übertragungs- und Regressionsprozesse, die durch das Zusammenleben der Patienten, durch Übertragungen auf die gesamt Therapeutengruppe und durch das ›Schonklima‹ auf der Station entstehen, therapeutisch genutzt werden?«.

tik analytischer Deutungen im stationären Rahmen)[5]. Dem soll die Trennung in Realitätsraum und Therapieraum bzw. in Lebensgemeinschaft und Therapiegemeinschaft Rechnung tragen – in einem so genannten *bipolaren* Modell der stationären Psychotherapie. Hau (1968) arbeitet die Bedeutung für therapeutische Haltungen heraus und zeigt, dass z. B. die Gestaltungstherapie in der stationären Behandlung zu etwa gleichen Anteilen aus einer analytischen und einer stärker realitätsbezogenen Haltung besteht (vgl. Janssen, 1987, S. 54). Küchenhoff (1998, S. 38) fasst das bipolare Modell Enkes folgendermaßen zusammen:

»Der Realitätsraum ist durch die Regeln und Gesetze im Hier und Jetzt bestimmt; im Realitätsraum herrschen nicht die Phantasie, sondern die sozialen Regeln des Umgangs miteinander, die sozialen Notwendigkeiten [...] Für den Realitätsraum zeichnet das Pflegepersonal verantwortlich. Im Therapieraum können und sollen alle möglichen

---

5 Kernberg (1976; 1984, S. 480f.) weist auf die Gefahr der Regressionsförderung im stationären Setting in der Behandlung einiger Patientengruppen hin (vgl. a. Ermann, 1982). Er sieht das Zurücktreten einer »funktionale[n], aufgabenzentrierte[n] Führung«, das Übertragen sinnloser oder trivialer Aufgaben an die Patienten, eine undeutliche »Delegation der Autorität vom Personal an den Patienten« und eine ineffektive Personalführung als Risikofaktoren für eine Regression der Gruppe an. Patientinnen und Mitarbeitende könnten in ein unbewusstes Einverständnis darüber geraten, dass für alle das selbe gut sei und alle das Angebot der Autonomie gleichermaßen nutzen können: »Die Beherrschung unstrukturierter Gruppenprozesse durch die besonders regredierten Patienten [...] kann den Inhalt von Zusammenkünften und die Zuweisung von Mitteln entscheidend verzerren und damit für viele Patienten die Zeit reduzieren, die zu ihrer Behandlung zur Verfügung steht.« (a.a.O., S. 481). Weiter formuliert er: »Gerade die Konzepte von Gleichheit, Demokratie und Vertrauen in die heilsame Auswirkun[.]g offener Kommunikation können die messianische Erwartungen nähren, die der Entwicklung der ›Abhängigkeit‹- oder der ›Paarbildungs‹-Grundannahmengruppe inhärent sind. Dadurch fördern sie eine unrealistische Klinikumgebung, die den funktionalen Wiedereintritt der Patienten in die Welt außerhalb der Klinik verhindert.« (a.a.O.). Kernberg argumentiert daher insbesondere für eine im Klinikkonzept verankerte Leitungs- und administrative Verantwortung (vgl. a. Kernberg, 1981) sowie eine Begrenzung der Regression und eine Beachtung von Spaltungsphänomenen, die helfen, diese zu reduzieren.

Phantasien und Impulse sprachlich geäußert oder mit Hilfe des spezifischen therapeutischen Mediums [...] umgesetzt werden.«

Darin wird deutlich, dass die Unterteilung in zwei »Räume« des Klinikgeschehens leicht auch eine Zuordnung unterschiedlicher Berufsgruppen zu diesen Räumen mit sich bringt. Dem steht die Konzeption Janssens (1987) entgegen, der von einem *integrativen* Modell spricht. Als Vorläufer dessen können die Arbeiten von Pohlen (1972) genommen werden, der für die therapeutische Funktion von Gesprächen mit dem »Stationspersonal« argumentiert und damit die Trennung in verschiedene Räume oder zwischen therapeutischen und nicht-therapeutischen Aufgaben lockert (vgl. a. den Überblick über ähnliche Konzeptionen bei Janssen, 1987, S. 68ff.). Letztlich wird eine Art Permeabilität der Räume oder eine Bifokalität der Behandlung postuliert. Etwa im Ansatz von Stephanos (1979) wird herausgestellt, dass alle sonstigen Mitglieder des Teams in die Übertragungsbeziehung zum Einzelbehandler einbezogen werden. Die Folgen für eine Klinikkonzeption werden explizit in Janssens Ansatz.

Darin trägt Janssen (1987, S. 90ff.) die Schwierigkeiten eines streng bipolaren Modells zusammen:

- Einleitung stark regressiver Prozesse damit einhergehende (Spaltungs-) Übertragungen und Phänomen des Agierens,
- Schwierigkeiten bei der Aufrechterhaltung der Abstinenz,
- Manifestation, aber nicht ausreichende Reflektierbarkeit von infantilen Beziehungsmustern in den nicht-psychotherapeutischen Behandlungsbeziehungen (mit der Folge von Abwehrbewegungen und/oder einem Gegenagieren),
- Hierarchisierung innerhalb des Teams.

Erforderlich für die Integration zu einem »fördernden therapeutischen Geschehen« sind aus seiner Sicht die folgenden Punkte (a.a.O., S. 94f.):

1. Die Identifizierung der Mitglieder aller Berufsgruppen mit der Aufgabe.
2. Mitglieder sollten nicht andere »therapeutische Prinzipien«, z. B. psychiatrische vertreten müssen.

3. Eine »methodische Differenzierung der Interventionsebenen« mit dem Ziel eines »therapeutische[n] Handeln[s] in Identität mit der Berufsgruppenzugehörigkeit und mit sich selbst«, unter Vermittlung durch den leitenden Psychoanalytiker.

4. Abkehr von der Annahme eines »therapiefreie[n] Realitätsraum[s]«; die Bereiche außerhalb der psychoanalytischen Gruppentherapie sollten als »therapeutisch potente Felder« aufgefasst werden.

5. Eine dichte Folge von Besprechungen unter der Leitung eines Psychoanalytikers, auch im Sinne der Etablierung eines »integrierende [n] Faktor[s]«.

6. Eine Erleichterung der Identifikationsmöglichkeiten für den Patienten durch eine einzeltherapeutische Beziehung.

Grundlegend ist Janssen der Meinung: »[J]edes Beziehungsfeld« kann »in seiner jeweiligen spezifischen Ausprägung einen eigenständigen, psychoanalytisch geförderten therapeutischen Umgang mit den Patienten entwickeln« und ist offen »für die Analyse von Übertragungs- und Gegenübertragungsprozessen« (a.a.O., S. 133). Die Grundannahmen des integrativen Modells, in dem »die Trennung von Real- und Therapieraum und damit die Aufteilung von realen oder therapeutischen Funktionen im Team vermieden« wird (a.a.O., S. 69), beschreibt Janssen folgendermaßen:

»Innerhalb des stationären Raumes sollten die Patienten die Möglichkeit haben, ihre inneren Probleme in dem multipersonalen Beziehungsfeld zu reinszenieren, damit sie im ›Hier und Jetzt‹ mit Hilfe der Therapeuten Einblick in die infantile Welt der Objektbeziehungen erhalten und über neue Einsichten und Erfahrungen in den therapeutischen Beziehungen eine innere Veränderung einleiten konnten. Nach dieser Zielsetzung sollte *jede Interaktion und jede Objektwahl des Patienten im multipersonalen Beziehungsfeld auch daraufhin untersucht werden, ob sich in ihnen infantile Beziehungsmuster wiederholen.* Jede Beziehung [ist] daher auf zwei Ebenen zu betrachten: zum einen auf der Ebene des Arbeitsbündnisses in den realen Rahmenbedingungen und Settingformen, zum anderen auf der Ebene der unbewußten Entfaltung infantiler Beziehungsmuster, also der Übertragungen.« (a.a.O., S. 97f.; Hervorh. TS).

Dreh- und Angelpunkt einer integrativen Konzeption der Behandlung vor dem Hintergrund von krankheitsbedingten Übertragungsgestalten

(für Patienten in stationärer Behandlung vorrangig solche, die mit
niedrigem psychischen Strukturniveau zu tun haben; ▶ Kap. 3.1) ist
die Annahme, dass »[d]as vollständige Übertragungsmuster [...] nur
sichtbar und therapeutisch fruchtbar gemacht werden [kann], wenn
das gesamt multipersonale Beziehungsangebot in der Klinik auch unter
den Aspekten der Re-Inszenierung infantiler Beziehungsmuster betrachtet wird« (a.a.O., S. 133; Hervorh. aufgeh. TS). Janssen spricht
auch von »multidimensioneller« Übertragung, in welcher unterschiedliche Teammitglieder unterschiedliche Übertragungsobjekte darstellen
(a.a.O., S. 126). Damit ist eine Begründung dafür gegeben, dass gerade
eine konzeptuell stimmige psychoanalytische Perspektive es einfordert,
auch von therapeutischen Aufgaben und Wirkungen in nicht-ärztli-
chen oder nicht-psychologischen Behandlungskontakten auszugehen,
und mehr noch: davon, dass bestimmte Aspekte der Inszenierungen
und Wiederholungen sich *nur* dort zeigen. Diese Überlegungen führen
auch Janssen zu Folgerungen zu Besprechungsstrukturen und Teamarbeit, die ich im Kapitel 4 wieder aufnehmen werde.

Einen ähnlichen Gedanken diskutieren von Rad, Schors und Hein-
rich (1994, S. 155) unter der Bezeichnung des »Biotops« der stationären Psychotherapie, in welchem »jeder Patient seinen Realraum und
seinen Phantasiraum weitgehend selbst bestimmen kann«. Über eine
»behutsame Differenzierung von Realität und Phantasie, von infantilen Bedürfnissen und erwachsenen Notwendigkeiten« werde ein »Gelände« angeboten, »in dem die ›für die Ich-Funktionen günstigsten Bedingungen‹ hergestellt werden«.

Ausgehend von den Konzeptionen eines bipolaren und eines integrativen Modells der stationären Psychotherapie führen Schneider (1995)
oder Küchenhoff (1998) die Überlegungen in unterschiedlichen Akzen-
tuierungen weiter. Schneider orientiert sich dabei am allgemeinen Befund einer beeinträchtigten Symbolisierungsfähigkeit derjenigen Patientinnen, für die eine stationäre Behandlung indiziert ist (▶ Kap. 3), und
bezieht die aus seiner Sicht fünf wesentlichen Merkmale stationärer
Therapie darauf: Distanz zum Alltag, Diversität und Dichte des Settings, spezielle Rahmenbedingungen, enge zeitliche Begrenzung. Er tut
dies unter der Annahme, dass sich diese Merkmale direkt auf die für
Symbolbildungsprozesse »konstitutive Dialektik aus Anwesenheit und

Abwesenheit (Verlust)« beziehen (1995, S. 308). Schneider begreift das Behandlungssetting nicht einzig klinikzentriert und auch nicht einzig störungsspezifisch, sondern »störungsrelational«, d. h. derart, dass angesichts der wesentlichen Merkmale eine Reflexion der »potentiell negative[n] stationsimmanente[n] Effekte« im Hinblick auf ihre Grenzen erfolgen müsse (a.a.O.). Das bedeutet, dass z. B. die Dichte des stationären Settings für einige Patienten in Richtung einer Wiederholung biografisch schädigender Einflüsse wirkt und derart zu reflektieren ist, während es für andere unmittelbarer im Zusammenhang förderlicher Veränderungsprozesse steht. Das führt, wie ich weiter unten zeigen werde, insbesondere zu einer genauen Beachtung des Rahmens in der stationären Therapie.

Küchenhoff (1998) greift einen anderen Aspekt der vorangegangenen Modelle kritisch auf, indem er die Gleichwertigkeit, aber nicht Gleichförmigkeit der verschiedenen Behandlungsangebote akzentuiert (die auch bei Janssen aufgetaucht war) und explizit die unterschiedliche Kompetenz im Hinblick auf psychodynamisches Arbeiten, insbesondere bezogen auf die psychotherapeutische Intervention, heraushebt. Für ihn ist es gefährlich, für jeden der Behandelnden »einen prinzipiell gleichförmigen therapeutischen Hintergrund« anzunehmen; vielmehr gäbe es doch eine »in der Regel sehr unterschiedlich intensive psychodynamische Vorbildung oder Vorerfahrung« (a.a.O., S. 40). Küchenhoff benennt als weitere Risiken der Arbeit in einem integrativen Modell:

- eine drohende »Neigung zur narzißtischen Selbstbespiegelung des Teams« aufgrund der erforderlichen »ständige[n] Selbstreflexion«,
- die Gefahr, dass Patienten sich vom »beobachtenden Auge des Teams« »eingekreist« fühlen, sowie
- ein Verschwimmen »von Realität und subjektiver Bedeutung« (a.a. O. S. 38f.).

In seinem »pluripolar« genannten Modell geht er von drei Grundelementen aus: dem Schutz des therapeutischen Rahmens, der klaren Differenzierung der therapeutischen Funktionen und deren Äquivalenz, auf die ich kurz nacheinander eingehe.

Zwar ist der Übertragungs- bzw. Fantasieraum des psychotherapeutischen Arbeitens im Einzel- oder Gruppensetting in einer Klinik nicht von realen Interaktionen frei zu halten (es ergibt sich eine andere Bewertung der Abstinenz), jedoch ist der (psycho-) therapeutische Rahmen derart zu schützen, dass hier eine Exploration der sich auch an die realen Interaktionen anheftenden Übertragungsaspekte geschehen kann. Dazu muss es aus Sicht Küchenhoffs möglich sein, dass der Therapeut sich »exzentrisch« »zu dem ablaufenden Therapieprogramm verhalten kann«. Er fordert dies für alle therapeutischen Angebote, deren Rahmen und Mittel der Intervention zu schützen seien.

Als zweites geht es um die Differenzierung der therapeutischen Funktionen. Küchenhoff benennt hier die Unterschiede in der psychotherapeutischen Vorbildung (insbesondere in psychodynamischer Richtung). Psychoanalytisch ausgerichtet zu intervenieren, bedarf einer persönlichen Kompetenz, die sich auch aus Ausbildung und Selbsterfahrung speist, und stellt bei deren Fehlen auf professioneller Seite eine Überforderung dar und wirkt auf der Seite der Patientinnen befremdlich. Küchenhoff sieht die Kompetenz der Mitglieder des Pflegeteams »in der Pflege eines direkteren Umgangsstils«, allgemein müssten die Aufgaben gemäß der Fähigkeiten »verteilt und klar definiert« werden (a.a.O., S. 41). Zu ergänzen ist, dass fachliche Weiterbildungen in Richtung psychodynamischen Denkens für verschiedene Berufsgruppen sinnvoll und erforderlich sind – und dass eine analytisch orientierte Wahrnehmungseinstellung in verschiedenen Bereichen stationärer Soziotherapie nötig ist, wenn auch nicht in unbedingter Konsequenz eines auch analytisch orientierten professionellen Handelns.

Keine Gleichförmigkeit der therapeutischen Angebote und Kompetenzen, aber deren Äquivalenz, benennt Küchenhoff als dritten Aspekt und verdeutlicht anhand dessen seine Vorstellung des pluripolaren Modells. Als dessen Pole sind die verschiedenen therapeutischen Angebote der Klinik zu verstehen. Auch Küchenhoff macht deutlich, dass alle behandlerischen Angebote als Therapie zu verstehen sind, einschließlich der »Sozio- und Pflegetherapie«. Alle Funktionen »finden […] in einem Therapieraum statt« und »wenn das Team als das therapeutische Subjekt angesehen wird, sind alle Funktionen miteinander verstrickt und ergänzen einander« (a.a.O., S. 41). Das führt auch in dieser Argumentation zur hohen Bedeutung der Teambesprechung. Zentral sind der Akzent auf dem Team als »Behandlungssubjekt« (a.a. O., S. 51) und das Bild eines »Therapiezentrums, das das Behandlungsteam darstellt, und der Behandlungsperipherie, an der die verschieden spezialisierten, eigenständigen Therapiepole angesiedelt sind.« (a.a.O., S. 41).

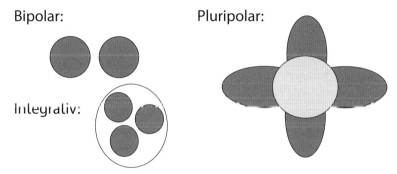

Abb. 2.1: Das bipolare, das integrative und das pluripolare Modell der Behandlung durch ein Klinikteam

Der aktuelle Stand der Konzeption psychoanalytisch ausgerichteter stationärer Psychotherapie lässt sich also dahingehend zusammenfassen, dass von einem dynamischen Verhältnis von Realitäts- und Fantasie-/Übertragungsraum auszugehen ist, in welchem beide Aspekte in je unterschiedlicher Gewichtung zum Gegenstand des professionellen Arbeitens werden. Dabei ist es m. E. entscheidend, die Ebene der therapeutischen *Haltung* von der Ebene der therapeutischen *Intervention* zu unterscheiden. Wie zu zeigen sein wird, gelingt die Arbeit einer Teamgruppe (bzw. eines Teams als Behandlungssubjekt im Therapiezentrum) dann, wenn alle Teammitglieder persönlich und klinikkonzeptuell dazu in der Lage sind, ihre professionelle Beziehung und das Geschehen darin zu reflektieren. Diese Reflexion schließt eigene affektive Anteile ein (Gegenübertragung und Eigenübertragung) sowie den Blick auf mögliche Wiederholungen von Beziehungserfahrungen auf Seiten des Patienten, und dies sowohl im Hinblick auf frühere Erfahrungen als auch auf Erfahrungen aus der aktuellen Lebenswelt neben der Klinik. Die Beschreibung und Reflexion dessen wird in Teambesprechungen eingebracht. Die therapeutische Haltung ist somit zum einen zwischen unterschiedlichen Berufsgruppen vergleichbar und ähnlich (allen geht es um die Beachtung des Beziehungsgeschehens), zum anderen wird sie im Rahmen unterschiedlicher professioneller Settings eingenommen, so dass sich – so ist zu vermuten – unterschiedliche Beziehungsszenen darin zeigen (Janssens »multidimensionale« Übertragung). Eine Übertragungsgestalt kann somit in der Tat erst vom Team als Behandlungssubjekt erkannt werden. Der Hinweis auf den jeweiligen Rahmen unterschiedlicher professioneller Settings führt dazu, bei einer vergleichbaren Haltung verschiedener Berufsgruppen doch eine unterschiedene Form der Intervention oder des professionellen Handelns zu fordern: die *Reflexion* des Beziehungsgeschehens, auch in dessen wiederholender Hinsicht, hat einen Platz z. B. im Pflegegespräch, die *Deutung* unbewusster Motive hat es nur in Ausnahmefällen.

Mit dieser dynamischen und zwischen Haltung und Intervention unterscheidenden Ergänzung der Modelle der Teamarbeit komme ich zur Diskussion dessen, worum es sich beim Klinik-Setting als Ganzem und den darin enthaltenen Teil-Settings der unterschiedlichen therapeutischen Angebote genau handelt.

2.3 Bühnenmodell und Rahmenmodell

Eng verknüpft mit der Entwicklung verschiedener Modelle der Teamarbeit in der stationären Psychotherapie sind die Überlegungen dazu, was hinsichtlich des Settings für die Behandelten eigentlich genau zur Verfügung gestellt wird (vgl. zur Diskussion der beiden Modelle, Rahmen und Bühne, auch Bardé, 1993, S. 61ff.). Damit sind auch die kritischen Einwände verbunden, die sich verschiedentlichen angesichts dessen vernehmen ließen, dass vor dem Hintergrund eines anderen

Niveaus und einer anderen Funktion der Regression im stationären Setting kein psychoanalytisches Durcharbeiten möglich sei.

Ich rekapituliere knapp die Kritikpunkte: Da stationäre Behandlungen gegenüber ambulanten in erster Linie für solche Patientinnen indiziert sind, die »frühe Störungsanteile«, ein gering oder desintegriertes psychisches Strukturniveau (gemäß OPD) oder eine Borderline-Persönlichkeitsorganisation mit instabiler Ich-Identität und unreifen Abwehrmechanismen (gemäß Kernberg) aufweisen (▶ Kap. 3.1), und infolge einer wenig kohärenten Welt der psychischen Repräsentanzen keine oder nur wenig umgrenzte Übertragungsgestalten in die Behandlung einbringen (▶ Kap. 3.4), würde eine psychoanalytische Haltung, die unter Förderung der Regression das Durcharbeiten unbewusster Konflikte in der Übertragungsbeziehung (das Herstellen und Auflösen einer Übertragungsneurose) anvisiert, erfolglos bleiben. Psychische Störungen, deren Therapie in stationären Behandlungen erfolgt, zeichnen sich stärker durch ihre Struktur- statt durch ihre Konfliktbedingtheit aus. Hinzu kommt die geringe Dauer stationärer Therapien, die für Prozesse des Durcharbeitens nicht ausreicht. Die Förderung der Regression bei Patienten, die mit geringer struktureller Integration und somit bereits in einem eher regredierten bzw. wenig progredierten Zustand in die Behandlung kommen, sei also kontraindiziert (ein ähnlicher Kritikpunkt betrifft die konsequente Etablierung der Grundsätze der therapeutischen Gemeinschaft: es bedeutet eine Überforderung der Klientel). Die eher in maligne Prozesse abzugleiten drohende Regression, deren Förderung nicht erfolgen sollte, sowie das strukturell wenig mögliche Durcharbeiten (sowohl hinsichtlich der zeitlichen Struktur als auch hinsichtlich der psychisch-strukturellen Möglichkeiten der Patientinnen), stehen auch im Zusammenhang damit, dass die Behandelnden eher in ihren Hilfs-Ich-Funktionen genutzt und gebraucht werden.

Daraus lässt sich ableiten, was als das *Rahmenmodell* stationärer Psychotherapie bezeichnet worden ist. Der Nutzen einer Klinikbehandlung wird hier in erster Linie darin gesehen, einen haltgebenden Rahmen zur Verfügung zu stellen, und dies sowohl im Hinblick auf Beziehungserfahrungen und im Hinblick auf die soziale Situation der Behandelten. Im Rahmenmodell fungieren die therapeutischen Beziehungen in ihren Hilfs-Ich-Funktionen und mit dem Ziel, die Integration psychischer Struktur zu fördern, d. h. die Differenzierung und Regulierung von Affekten, die Integration verschiedener Anteile der Selbst- und Objekterfahrung, die Unterstützung der Ich-Funktionen (Realitätsprüfung, Beziehungsfähigkeit u. a.). Das Bereitstellen eines Rahmens bezieht sich dabei vor allem auch auf die Erfahrungen einer Grenzsetzung, die sich in den äußeren Begrenzungen des Behandlungssettings, in dessen Verlässlichkeit und Kontinuität zeigen und von dort aus ein Modell für das psychische Erleben von (Selbst-Objekt-) Grenzen zu etablieren helfen. Dies geschieht im Anliegen der Vorbereitung einer ambulanten Behandlung. Der Rahmen soll dabei auch einen »Schutz vor dem Agieren« (Janssen, 1987, S. 38) bieten, vor schädigenden und/oder psychisches Erleben ersetzenden Handlungen eines Patienten.

Dem Rahmenmodell steht das *Bühnen-* (oder Inszenierungs-) *Modell* der stationären Psychotherapie zur Seite. Ausgehend von den Überlegungen, welche in das Konzept der therapeutischen Gemeinschaft führten, und der grundsätzlichen Annahme, analytisch ausgerichtetes Arbeiten in einer Klinik sei möglich, wird angenommen, dass eine Klinik bzw. ein Klinik-Team ähnlich wie eine Psychoanalytikerin im ambulanten Setting ein Beziehungsangebot macht, an das sich ein Patient mit seinen unbewussten Wiederholungen von Beziehungserfahrungen wendet und dies nutzt. Auch hier wird jedoch anerkannt, dass es sich um spezifische Gestalten und Dynamiken von Übertragungsprozessen handelt, die von spezifischen, meist als »unreif« geltenden Abwehrmechanismen begleitet werden, nämlich in erster Linie Spaltung oder projektive Identifizierung (▶ Kap. 3.3). Aus diesem Grund wird nicht schlicht von einem »Fantasie-Modell« der stationären Behandlung gesprochen, sondern das Bild der Bühne verwendet. Dass von unreifen Abwehrmechanismen, fragmentierten Übertragungsgestalten und einer gering bis desintegrierten psychischen Struktur ausgegangen werden muss, führt zu einer veränderten Bewertung des Verhältnisses von »Erinnern« und »Agieren« als in der ambulanten Psychoanalyse (genauer ▶ Kap. 2.4). Von daher wird angenommen, dass Patientinnen sich, statt zu fantasieren und zu sprechen, vorrangig im ganz konkreten Sinn in stationären Behandlungen *in Szene setzen* (einschließlich der möglichen Szene, sich unsichtbar zu machen). Es werden Beziehungsszenen (als Übertragungsgestaltungen) weniger berichtet oder in Kompromissvorstellungen erkennbar, sondern sie werden in Handlungen aufgeführt. Das Bühnenmodell der stationären Psychotherapie greift dies in zweierlei Weise auf: Zum einen von Seiten der Konzeption der Klinik, die notwendigerweise eine Bühne bereitstellt, in der mehr gehandelt wird als im ambulanten Setting (durch das Handeln im Rahmen therapeutischer Angebote, durch die soziale Gemeinschaft u. a.). Es ist die Rede davon, dass die Klinik damit ein »Spaltungsangebot« mache, d. h. durch das Bereitstellen verschiedener therapeutischer Beziehungen. Und zum anderen greift das Bühnenmodell der stationären Psychotherapie die Aufführung der Psychodynamik in Handlungen derart auf, dass diese ein Teil der Reflexion von Wiederholungen von Beziehungserfahrungen werden und gleichsam als Mittel der Beziehungsdiagnostik gelten können.

Auch im Bühnenmodell steht die Förderung der Regression nicht im Zentrum, aber es geht um eine rezeptive und reflektierende Haltung gegenüber den Beziehungsinszenierungen der Patienten, die nicht immer bzw. nicht zu früh strukturiert werden, sondern auf ihre Übertragungsdimension, d. h. auf das sich in ihnen Wiederholende befragt werden können. Die Strukturierung betrifft den Rahmen als das die Behandlung Haltende und Umfassende. Ist dieser verlässlich, kann die Bühne darin zum Feld der Äußerung und Bearbeitung turbulenter Beziehungserfahrungen werden. So liefert die stationäre Behandlung auch für eine aufdeckende Arbeit potenziell die Vorbereitung einer ambulanten, bzw. noch mehr: deren Einleitung, so dass eine Reflexion von Beziehungserfahrungen nicht erst dort beginnt, sondern Teil der stationären Arbeit ist.

Es kann insgesamt nicht von einer Ausschließlichkeit des Rahmen- und des Bühnenmodells ausgegangen werden. Beide Aspekte dessen, was eine Psychotherapieklinik durch ihr Setting zur Verfügung stellt, spielen immer eine Rolle und ergänzen einander dahingehend, dass strukturierende Elemente der Behandlung (Rahmen) und die Reflexion von Inszenierungen (Bühne) erst in ihren Bezügen aufeinander wirken und verstehbar werden.

Ich habe darüber hinaus vorgeschlagen (Storck, 2016b, S. 415ff.), vor dem Hintergrund dessen, dass die Unaushaltbarkeit von Trennung als ein wesentliches Merkmal der Psychodynamik vieler stationär und teilstationär behandelter Patientinnen zu begreifen ist, das Bild »Der Rahmen ist die Bühne« ins Zentrum zu setzen. Damit ist gemeint, dass sich die Beziehungsinszenierungen zu einem großen und bedeutenden Teil gerade an die Rahmenbedingungen heften. Dort entstehen Konflikte oder Verunsicherungen, so dass der Umgang mit dem Rahmen in seiner Bedeutung für das Beziehungserleben zu beachten ist, ja sogar immer wieder ins Zentrum des Verstehens zu rücken ist.

Bisher habe ich nur angedeutet, in welcher Weise eine veränderte Auffassung des Verhältnisses von Übertragung und Agieren in der stationären Psychotherapie die Grundlage einer positiven Bewertung des Rahmenmodells liefert. Das ist etwas genauer auszuführen.

2.4 Agieren und Inszenierung

Die psychoanalytischen Konzepte Agieren und Übertragung sind in ihrer Geschichte direkt miteinander verbunden gewesen (vgl. zum Weiteren Storck, 2013; 2016b, S. 283ff.; 2017a,b). Freud führte den Begriff in der Darstellung seiner Analyse mit Dora ein, die die Behandlung abgebrochen hatte, da Freud, so seine rückblickende Auffassung, die Übertragung übersehen habe: Sie »rächte [...] sich an mir, wie sie sich an Herrn K. [einem Bekannten von Doras Eltern, bzgl. dessen Freud von einer enttäuschten Liebe Doras ausging; TS] rächen wollte, und verließ mich, wie sie sich von ihm getäuscht und verlassen glaubte. Sie agierte so ein wesentliches Stück ihrer Erinnerungen und Phantasien, anstatt es in der Kur zu reproduzieren« (Freud 1905e, S. 283). Freud konzipiert hier das Agieren als dem Erinnern entgegengesetzt, d. h. dem Sprechen, Assoziieren und Fantasieren in der psychoanalytischen Behandlung. Statt dass Dora darüber spricht, von Freud enttäuscht zu sein und sich für die nicht erwiderte (Übertragungs-) Liebe rächen zu

wollen, rächt sie sich in Form der Handlung des Analyseabbruchs. Etwas später erweitert Freud seine Konzeption des Agierens, wenn er
formuliert, in Analysen »ohne erfreulich glatten Ablauf« könne man
sagen, »der Analysierte erinnere überhaupt nichts von dem Vergesse-
nen und Verdrängten, sondern er agiere es. Er reproduziert es nicht als
Erinnerung, sondern als Tat, er wiederholt es, ohne natürlich zu wis-
sen, daß er es wiederholt. Zum Beispiel: Der Analysierte erzählt nicht,
er erinnere sich, daß er trotzig und ungläubig gegen die Autorität der
Eltern gewesen sei, sondern er benimmt sich in solcher Weise gegen
den Arzt.« (Freud 1914g, S. 129).

Hier ist »Agieren« nicht nur etwas, dass sich im Abbruch der Behandlung äußert (und so dieser als ganze entgegengesetzt ist), sondern
auch etwas, das die Behandlung selbst färbt. Hier sind die Folgen der
Übertragung ein Agieren. In beiden Fällen ist das Agieren dem Erinnern entgegengesetzt, es wird verstanden als ein Widerstand, genauer:
ein Übertragungswiderstand[6]. Das Agieren wird psychoanalytisch
auch deshalb als unwillkommen aufgefasst, weil es als eine Triebab-
fuhr auf motorischem Weg begriffen wird, die gleichsam am psychischen Erleben vorbei geschieht. Statt dass sich Triebimpulse dem psychischen Erleben und der Vorstellungswelt (als unbewusste Fantasie
bzw. durch das Wirken unbewusster Fantasien im Sinn der Theorie
Kleins) diese durchformend vermitteln, werden sie abgeführt, ohne
dass etwas erlebt, erinnert oder in Sprache gefasst werden kann (vgl.
genauer zum Triebkonzept Storck, 2018a). Aus dem selben Grund ist
schließlich das psychoanalytische Behandlungssetting der Schlaf- bzw.
Traumsituation nachgebildet: Es soll ein Zugang zur Welt unbewuss-

---

6 Ich übergehe hier die Unterscheidung zwischen »Agieren innerhalb einer
Analyse« und »Agieren außerhalb einer Analyse«, wie Fenichel (1945) sie
einführt und die zur Unterscheidung zwischen acting in und acting out wei-
tergeführt worden ist. Im Wesentlichen zeigt sich darin eine Übersetzungs-
schwierigkeit von »Agieren« zu »acting out« und zurück zu »Ausagieren«,
die konzeptuell problematisch ist. Am überzeugendsten wird ein Konzept
von »acting in«, wenn es von der deskriptiven Bedeutung eines Agierens in
der Stunde gelöst, und etwa auf Wege des dysfunktionalen Umgangs mit
Triebwünschen bezogen ist, die pathologische psychosomatische Prozesse in
Gang setzen (z. B. im Verständnis Aisensteins, 2006, S. 678).

ter, triebbestimmter Fantasien gefunden werden. Das Agieren verstellt diesen (jedenfalls in der Auffassung Freuds) und steht somit der analytischen Arbeit entgegen[7].

Es kann nun dafür argumentiert werden, dass der Übertragungswiderstand, der im Agieren zu sehen ist (d. h. das psychodynamisch motivierte Vermeiden des Erlebens dessen, was sich in der analytischen Beziehung wiederholt), als eine Abwehr des Erlebens des Objektbezugs[8] der Handlung zu begreifen ist. Abgewehrt wird, dass die Handlung auf den Analytiker bezogen ist, sei es nun, nach der Stunde seine Chefin anzubrüllen oder nach der Stunde seiner Mutter Blumen zu schicken. Die analytische Deutungsarbeit, die sich auf das Agieren richtet, hätte also den Objektbezug des Agierens zu markieren. Freud meint, ein Agieren, das nicht sofort gedeutet werde, sei »immer ein Ungeschick« (zit. n. Fenichel, 1945, S. 347). Dabei ist entscheidend, dass es der Handlung für sich genommen nicht abzulesen ist, dass es sich bei ihr um ein Agieren handelt. Der Bezug zur analytischen Beziehung ist deutend herzustellen, die »wilde Übertragung« bzw. deren »Anschnitt« (Lacan, 1962/63, S. 159) im Agieren zu erkennen bzw. das Agieren als ein »Griff nach dem Objekt« (Greenson, 1967, S. 260) auszuweisen.

Nötig wird das Agieren meiner Auffassung nach durch etwas Bedrohliches im Erleben der Beziehung. In Umwendung der Freudschen Charakterisierung des Denkens als Probehandeln (Freud, 1911b, S. 233), die anschlussfähig ist an kognitiv-psychologische Modelle rationaler Entscheidungsprozesse, kann für das Agieren gesagt werden,

---

7 Ein weiterer Aspekt, den ich hier übergehe, ist das Problem einer psychoanalytischen Handlungstheorie, die weitgehend fehlt, aber zu explizieren hätte, dass auch das Sprechen (wie das Schweigen) als Handlung verstanden werden muss. Zuletzt hat es einige Versuche von Seiten der Psychoanalyse gegeben, hier an das Konzept der Agency anzuschließen (vgl. Storck, 2017a).

8 Hier muss darauf hingewiesen werden, dass »Objekt« in psychoanalytischer Terminologie als »Vorstellungsobjekt« zu begreifen ist und sich, mitnichten objektivierend oder objektiv, auf andere Personen bezieht. Dass diese hier »Objekte« genannt werden, hat konzepthistorisch damit zu tun, dass sie in der psychischen Realität als *Trieb*-Objekte auftauchen, also gleichsam als der psychische Gegenstand triebhaft-affektiver Besetzungen.

dass es sich dabei um ein Handeln als Probedenken handelt (Storck, 2013, S. 111[9]): Es ist gerade nicht möglich, auf der Ebene des Denkens und Fühlens zu prüfen, was in Beziehungen geschieht, sondern es muss ganz konkret ver-handelt werden. Im Ver-Handeln steckt dabei die ganze Ambivalenz des Beziehungserlebens, es wird etwas weggemacht, aber auch etwas ausgehandelt, geprüft.

Hier entbirgt das Agieren seinen eigentlichen Doppelcharakter zwischen Beziehungswünschen und -ängsten, es ist eine Kompromisshandlung, die Beziehung vermeidet, aber auf diese zugleich anspielt. In anderen Worten formuliert: Es wird deutlich, dass neben dem Charakter von Widerstand und Abwehr im Agieren auch ein kommunikativer Aspekt zu beachten ist. Etwas im Erleben von Beziehung kann nur auf die Bühne gebracht werden. Damit wird deutlich, dass dieses Element des Agierens aus verschiedenen Gründen für die stationäre Psychotherapie von hoher Bedeutung ist: Zum ersten tritt das Agieren bei Patienten mit gering oder desintegriertem Strukturniveau häufiger auf, zum zweiten steht das Behandlungssetting an sich dem therapeutischen Handeln näher als das ambulante und schließlich soll die Übertragung multidimensional und handlungsnäher verstanden werden.

Das verweist bereits darauf, dass Agieren nicht als unilineares Geschehen verstanden werden kann, auch nicht in ambulanten Behandlungen. Die Anbindung des Konzepts des Agierens an das der Übertragung hat konzeptgeschichtlich dazu geführt, dass mit dem Wandel des Übertragungsbegriffs und der engeren konzeptuellen Anbindung an den der Gegenübertragung (bis hin zu Konzeptionen, die das Ko-Kreative beider Pole betonen, etwa im psychoanalytischen Konzept des Feldes; vgl. Baranger & Baranger, 1961/62; Überblick bei Storck, 2017c; Storck, Delodovici & Wilm, in Vorb.) auch ein Wandel darin erfolgt ist, wie Agieren begriffen wird. Wie auch die Übertragung im Verlauf der Entwicklung des Begriffs nicht mehr einzig als »größtes Hindernis«, sondern auch als »mächtigstes Hilfsmittel« der analytischen Arbeit verstanden wurde (Freud, 1923a, S. 222), ist auch spätestens mit den Bemerkungen Heimanns (1950) die Gegenübertragung in ihrem

---

9 Diese Formulierung gebraucht auch Scharff (2010, S. 147).

zentralen Erkenntniswert für die Psychoanalyse ausgewiesen worden. In der Folge sind Konzepte entwickelt worden, welche die Bezüge von Übertragung und Gegenübertragung in der analytischen Beziehung erörtert: Sandlers (1976)»Bereitschaft zur Rollenübernahme« ist zu nennen, Josephs (1989) Kennzeichnung der Übertragung als »total situation« oder die Auffassungen von Szene und szenischem Verstehen bei Argelander (1967) oder Lorenzer (1970) (vgl. Storck, 2017d). Klüwers (1983) Begriff des Handlungsdialogs akzentuiert dabei den konkreten Austausch in Form von Handlungen in der analytischen Beziehung und zeichnet dabei einen der meist verwendeten und diskutierten Begriffe der zeitgenössischen Psychoanalyse vor, nämlich den des Enactments (zuerst bei Jacobs, 1986; vgl. zuletzt Bohleber et al., 2013). Dieser bezeichnet die Gesamtheit des Agierens einer Patientin und die handlungsmäßige, d. h. hier: zunächst nicht reflektierte, Antwort des Analytikers darauf. Es wird also gemeinsam etwas aufgeführt. Inwiefern es sich dabei um ein schädliches geteiltes Vermeiden schwieriger Beziehungsaspekte handelt, ist Gegenstand der von Ivey (2008) so genannten »Enactment Controversies« geworden, in denen sich im Wesentlichen die Position der Freud-Klein-Schule mit derjenigen der relationalen Psychoanalyse gegenüber steht. Vertreterinnen der Erstgenannten argumentieren eher dahingehend, dass Enactments bzw. der Anteil des Behandelnden daran ein fehlgehendes Containment anzeigen, d. h. dass das Unerträgliche am Beziehungserleben, das eine Patientin ins Agieren treibt, zumindest passager auch für den Analytiker unerträglich wird. Das sei zwar nicht in Gänze zu vermeiden, aber nicht Teil eines förderlichen Prozesses. Die Argumente der relationalen Psychoanalyse in den Kontroversen zielen demgegenüber darauf ab, dass Enactments und deren gemeinsame Reflexion die Voraussetzung für neue Beziehungserfahrungen und psychische Veränderungen sind.

Eine hilfreiche Binnendifferenzierung des Konzepts legt Cassorla (2012) vor, wenn er zwischen chronischen und akuten Enactments unterscheidet: *Akute* Enactments würden die Möglichkeit liefern, bis dahin unerkannte *chronische* Enactments zu verstehen und aufzulösen, also wenn z. B. die Fehlleistung einer Therapeutin (in unbewusster Reaktion auf das Übertragungsgeschehen), eine Stunde zu früh zu beenden (akutes Enactment), erkennbar werden lässt, dass das Geschehen in der Behandlung auch davor davon geprägt gewesen ist, dass der Therapeut sich die Patientin unbewusst »vom Hals hält« (chronisches Enactment).

Im Konzept des Enactments ist ein weiteres Element von Bedeutung, dass für den Bereich stationärer Behandlungen das Entscheidende sein dürfte: Die Frage der Möglichkeiten, das (handlungsdialogische) Geschehen zu verstehen. Für den ambulanten Bereich, aus dem das Konzept stammt, ist zu sagen, dass der Analytiker nicht unmittelbar die Bedeutung seiner Antwort auf das Agieren der Patientin kennen muss oder kann – sonst würde es zum Enactment ja nicht kommen. Ihm muss das eigene Handeln nicht von vornherein transparent sein – aber es müssen die Möglichkeiten genutzt werden, etwas im Rückblick in seiner Bedeutung zu erkennen (und der Schulenstreit richtet sich u. a. darauf, was davon gemeinsam mit der Patientin erkannt werden soll). Was der Behandelnde hingegen auch im Unmittelbaren nicht übersehen, was ihm oder ihr nicht reflexiv verloren gehen darf, ist, dass sein oder ihr Handeln als Antwort auf das Agieren auf die Patientin bezogen ist. Erst wenn das verloren geht, ist die Grenze zum Unprofessionellen und potenziell Schädigenden überschritten. Insofern gibt es also eine Asymmetrie zwischen dem Handeln des Patienten als Agieren und dessen handelnder Beantwortung durch die Analytikerin. Dessen Handlung sollte m. E. daher nicht als Mitagieren bezeichnet werden, denn wäre es eine Form des Agierens, dann wäre ja auch dieser Handlung die Abwehr des Objektbezugs wesentlich.

Die Frage des Objektbezugs und der Reflektierbarkeit der Bedeutung einer handlungsmäßigen Antwort bildet eine geeignete Brücke zur Spezifität des Agierens und Enactments in stationären Behandlungen[10]. Zunächst muss in Erinnerung behalten werden, dass Agieren (als Gegensatz zum Sprechen in einer therapeutischen Beziehung) für das stationäre Setting eine andere Akzentuierung erfährt und das Verhältnis von Widerstands- zu kommunikativen Elementen anders zu be-

---

10 Ein direkter Bezug insbesondere zwischen der von Sandler beschriebenen Bereitschaft zur Rollenübernahme lässt sich für ein Klinikteam dazu ziehen, was Mattke (2004, S. 135) die »Reaktionsbereitschaften« der Teammitglieder nennt.

werten ist als in ambulanten Behandlungen. Der abgewehrte Objektbezug im Agieren ist gleichwohl zu erkennen, samt der beschriebenen Ambivalenz gegenüber dem Eintreten in eine Beziehung. Angesichts der Multipersonalität eines Behandlungsteams ist die einzelne Behandlungsbeziehung weniger »dicht«, es gibt Angebote, der einen Beziehung durch eine andere Beziehung auszuweichen bzw. verschiedene Beziehungsaspekte auf verschiedene Beziehungen zu »verteilen«. Der Schwerpunkt eines Blicks auf das Handeln eines Patienten in stationärer Behandlung als Agieren liegt also weniger darauf, dass gehandelt statt gesprochen wird, sondern dass für die Wiederholung von Beziehungserfahrungen ein *Geflecht* aus Behandlungsbeziehungen genutzt wird, samt der Möglichkeiten der Vermeidung, die das mit sich bringt.

Hinsichtlich der Reflektierbarkeit der Inszenierungen, in die Behandelnde auch verwickelt werden und in denen sie sich selbst handelnd bewegen, ist daher zum einen zu sagen, dass ihnen das Gewahrsein des Objektbezugs ihrer Handlung im Rahmen einer professionellen Beziehung nicht verloren gehen darf, zum anderen der ebenso wichtige Punkt, dass dann das Agieren (und seine Beantworten) nirgendwo anders als in der Teambesprechung verstanden werden können.

2.5 Fallbeispiele

Ich gebe dazu zwei Fallbeispiele, ein erstes, in welchem das Agieren als Ambivalenz gegenüber der Behandlung als Wiederholung von Beziehungserfahrungen deutlich wird, und ein zweites, in dem es um die Notwendigkeit des Zusammenführens fragmentierter Übertragungsanteile und des Erkennens eines Agierens als »Verteilen« verschiedener Übertragungsaspekte auf unterschiedliche Beziehungsaspekte geht.

Die 32-jährige Patientin Frau J. (vgl. Storck, 2013; 2016b, S. 456ff.; 2017a; Storck & Winter, 2016) begibt sich in teilstationäre Behandlung in einer Klinik für Psychosomatische Medizin und Psychotherapie aufgrund von mehrjähriger Urin- und vorübergehender Stuhlinkonti-

nenz, wegen anhaltender Kränkungen und Entwertungen am Arbeits-
platz sowie in kurzen, meist auf den sexuellen Akt beschränkt bleibenden Partnerbeziehungen. Mit ihrer Mutter und ihrer zwei Jahre älteren
Schwester gibt es wiederholt Konflikte. Sie leidet außerdem an verschiedenen, sich somatisch äußernden Schmerzen und verletzt sich
häufig: So habe sie bereits sieben Bänderrisse gehabt, ferner leidet sie
an Borreliose und einer zurückliegenden halbseitigen Gesichtslähmung.
Sie stürze wiederholt »in schwarze Löcher« und erlebe starke Stim-
mungsschwankungen. Während der ersten Behandlungswoche wird
Frau J. von den Behandelnden als jemand erlebt, die ihre eigenen
Grenzen und die anderer nicht wahren oder nur erkennen kann. Sie
gibt sich physisch distanzlos und berichtet in den ersten gruppenthera-
peutischen Sitzungen unverblümt von »Schulden, Sex und ihrer Blase«,
wie es die Gruppentherapeutin ausdrückt. Es entsteht der Eindruck,
Frau J. wäre in der psychosomatischen Klinik falsch und man müsste
sie doch eigentlich eher in eine urologische oder psychiatrische Klinik
überweisen, zumal auch paranoide bzw. paralogische Züge auftauchen.

Am Morgen des Beginns ihrer zweiten Behandlungswoche verunfallt Frau J. auf dem Weg zur Klinik im Bus: Sie verliert stehend bei einem plötzlichen Bremsen den Halt und verdreht sich schmerzhaft den
Oberkörper. Es gelingt ihr, in die Anschlussstraßenbahn zu steigen,
wo sie zwei Mitpatientinnen trifft, die sie zum Krankenhausgelände
begleiten. Statt ihre Behandlerinnen der psychosomatischen Klinik auf-
zusuchen, begibt Frau J. sich in die Zentrale Notaufnahme auf dem
selben Gelände, bittet aber die Mitpatientinnen, ihre für den Tag be-
nötigte Sporttasche mit in die psychosomatische Klinik zu bringen und
die Behandelnden dort zu informieren. In der Notaufnahme wird Frau
J. untersucht, ihr Zustand ist nicht gravierend und sie wird mit einer
leichten Schmerzmedikation wieder in ihrer Behandlung geschickt.

Jenseits dessen, dass Frau J. auch ganz konkret gestürzt ist und eine
Untersuchung nötig ist, kann es als ein Agieren bewertet werden, dass
die Patientin, die so entwertende und in jedem Fall wohl rätselhafte
Erfahrungen in nahen Beziehungen gemacht hat, eine andere Klinik
aufsucht statt der, in der sie bislang behandelt wird. Es zeigt sich ihre
Ambivalenz gegenüber der Behandlung und den Behandlungsbeziehun-

gen, sie möchte lieber ohne Beteiligung ihrer Gefühle und ihres Beziehungserlebens behandelt werden wie in der Zentralen Notaufnahme, das Beziehungshafte der Behandlung vermeiden – andererseits gibt es aber auch eine große Sehnsucht danach (sonst würde sie eine psychotherapeutische Behandlung wohl nicht aufsuchen), was sich auch im vorgeschickten »Gepäck« zeigt.

Ein Enactment, in das die Behandelnden verwickelt wären, läge nun beispielsweise vor, wenn diese Frau J. in eine Schmerzklinik überwiesen hätten – oder bereits vorher, wenn sie das Grenzen- und Haltlose der Patientin damit beantwortet hätten, sie tatsächlich in eine andere Klinik überwiesen hätten und so losgeworden wären. Darin wäre dann der Objektbezug (als der einer Zurückweisung) abgewehrt gewesen, was biografisch für Frau J. eine wichtige Rolle spielte.

Ich werde auf dieses Fallbeispiel in Kapitel 4.7 zurückkommen, wenn es darum geht, in welcher Weise Frau J.s »Fall« in der Teambesprechung zum Thema wurde.

Als ein zweites Beispiel möchte ich einen weiteren Aspekt der Behandlung Frau C.s erwähnen, die eingangs bereits zum Thema geworden ist. Vor dem Hintergrund der wenig erlangten psychischen wie sozialen Autonomie der Patientin gegenüber ihren Eltern, die sie unterstützt und zu pflegen meint (auch wenn die Eltern jährlich alleine längere Mallorca-Urlaube machen), und hinsichtlich der auslösenden Situation, dass die Patientin einen Reiz-Reaktions-Test zum Erwerb eines Scheins als Rettungswagenfahrerin nicht bestanden hatte, weil sie zu langsam (oder zu sorgfältig?) gewesen ist, taucht die Beziehung zu den Eltern als eine verstrickte auf, die vermutlich dafür mitverantwortlich ist, dass Frau C. keine sozialen oder sexuellen Kontakte hat und sehr zurückgezogen lebt. Im Rahmen der teilstationären Behandlung profitiert sie augenscheinlich von der Arbeit in der Gruppe der Mitpatientinnen und Mitpatienten, sie beginnt, gemeinsame private Unternehmungen zu planen und ihre Symptomatik (Schwindelgefühle, Schlafstörungen, Kopfschmerzen, Tinnitus) gehen zurück. Seitens der Behandelnden wird Frau C. recht früh eine Behandlungsverlängerung über die zunächst geplanten acht Wochen hinaus auf zehn Wochen angeboten, um weiter zu erkunden, was sie in ihrer Lebensführung hemmt. Frau C. thematisiert indirekt ihre Ambivalenz gegenüber diesem Angebot (was insgesamt als ein Ergebnis der Therapie zu sehen ist: sie macht nicht mehr unbesehen, was ihr Autoritäten aufzeigen), indem sie darüber spricht, dass sie die Behandlung nicht verlängern könne, da nach der neunten Behandlungswoche ihre Eltern aus dem Urlaub zurückkämen und sie sich kümmern müsse. Nach dem Äußern dieses Einwands wird nichtsdestotrotz die Verlängerung der Behandlung vereinbart.

Im Weiteren erzählt Frau C. dann ihrer Bezugskrankenpflegerin, sie werde nur neun Wochen bleiben können, weil ihre Eltern danach zurückkämen. Ihrer Bezugspsychotherapeutin hingegen berichtet Frau C., ihre Bezugspflegerin habe ihr gesagt, von Seiten des *Teams* sei beschlossen worden, dass sie nur neun Wochen bleiben solle. Über einige Wochen hinweg bleibt das Behandlungsteam im Ungewissen, ob Frau C.s Behandlung nun acht, neun oder zehn Wochen dauern soll – auch deshalb weil verschiedene Teammitglieder unterschiedliche Informationen zu haben meinen und es unklar ist, wer eigentlich was entschieden oder mit Frau C. besprochen hat. Dies in einer Teamsitzung aufzuarbeiten (was letztlich geschieht und den Denkraum dafür öffnet, was es für Frau C. bedeutet, den Eltern mitzuteilen, dass sie diese nicht vom Flughafen abholen kann o. ä., weil sie etwas für sich tun möchte oder aber weil es ihr von ärztlicher Seite her untersagt worden ist), ist unerlässlich, denn Frau C. verteilt hier ihre Ambivalenz gegenüber einer Behandlungsverlängerung, die sie in einen Loyalitätskonflikt bringt bzw. die Pole ihres Autarkie-Versorgungs-Konflikts markiert. Ihr Agieren ist also weniger eines des Handelns statt des Sprechens, aber nichtsdestotrotz ein ziemliches »Gemache«, hier aber v. a. hinsichtlich des Verteilens verschiedener Konfliktaspekte auf unterschiedliche Behandlerinnen. Dies schließt auch die Seite der Delegation an: die Behandlerinnen sollen den Eltern gegenüber die Verantwortung dafür tragen, dass sie nicht da sein kann. (Im Übrigen verpasst Frau C. schließlich ihre neunte von zehn Behandlungswochen krankheitsbedingt und widersetzt sich somit sowohl der Vorgabe des Behandlungsteams, zehn Wochen in Behandlung zu sein, als auch den (fantasierten) Forderungen der Eltern, für die sie nach deren Rückkehr in der zehnten Woche der Behandlung nicht zur Verfügung steht).

3 Patientinnen und Patienten in der stationären Psychotherapie

Bisher ist wiederholt deutlich geworden, dass es bestimmte, nicht zuletzt psychodynamisch begründete Indikationsbereiche für Patienten gibt, die von einer stationären Psychotherapie profitieren. Im Weiteren werde ich diese bisher skizzenhaft gebliebenen Aspekte genauer darstellen.

Gerahmt ist dies natürlich von grundsätzlichen Elementen der Indikation für das stationäre Setting, welche grob gesagt die folgenden Bereiche betreffen:

- Krankheitsbild (Schweregrad, Multimorbidität, niedriges Strukturniveau, Notwendigkeit ausführlicher Diagnostik oder ärztlicher Kontrolle),
- Motivation (nicht ausreichende Motivation für eine ambulante Behandlung),
- spezifische Settingbedingungen (Profitieren von einer multimodalen Therapie in einer Patientinnengruppe),
- soziale Faktoren (Beeinträchtigungen einer förderlichen Therapie durch den Lebensalltag).

Ich beleuchte im Weiteren in erster Linie den ersten Punkt, und dies unter psychodynamischen Gesichtspunkten.

3.1 Konflikt und Struktur

Ein Aspekt psychodynamischer Theoriebildung, der sich am deutlichsten für den Bereich stationärer Behandlungen als relevant zeigt, ist die Unterscheidung zwischen Konflikt und Struktur bzw. konflikt- und strukturbedingten Anteilen psychischer Störungen.

Im Zentrum der Freud'schen Psychoanalyse steht das Konzept des unbewussten psychischen Konflikts (vgl. Storck, 2018b). Am Modell neurotischer Erkrankungen (Hysterie, Zwang, Phobie, neurotische Depression) kann gezeigt werden, wie es Konflikte aus Wunsch und Verbot bzw. zwischen widerstreitenden Wünschen sind, die aufgrund des »verpönten« Charakters des Wunsches (dessen erfolgte oder vorgestellte Erfüllung zieht Schuld, Scham oder Angst nach sich) zum einen dessen Fernhalten vom Bewusstsein bewirkt, zum anderen psychische Kompromissbildungen. In diesen erscheinen Wunsch und (durch das Verbot motivierte) Abwehr in entstellter Form im Bewusstsein. In klassischer Auffassung handelt es sich dabei um (infantil-sexuelle) Triebwünsche. Das Konfliktmodell hat dabei eine Bedeutung für die allgemeine psychoanalytische Theorie des Psychischen: Ein Umgang mit unbewussten Konflikten, der die Erlebnis- und Handlungsmöglichkeiten des Individuums nicht wesentlich einschränkt, ist ein Zeichen von psychischer Gesundheit. Im Rahmen der psychoanalytischen Störungstheorie (der Neurose) kann dafür argumentiert werden, dass unbewusste Konflikte im Sinne von Wunsch-Verbot-Konflikten dann symptombildend wirken, wenn, so Freuds Argument, eine der beiden Seiten übermäßig stark wirkt und infolgedessen die Bewältigungsmechanismen rigide werden müssen: Dann sind die Kompromissbildungen Symptome und die Bewältigung hat den Charakter einer (habituellen) Abwehr. Ein zwangsneurotisches Symptom, z. B. das genau fünfmalige Betätigen eines Lichtschalters, wenn jemand einen Raum betritt, kann so mit der Vorstellung verbunden sein, durch die Zwangshandlung ein Unglück abzuwenden, etwa einen Unfall geliebter Personen. Im Symptom ist dann – neben dem magischen Denken – enthalten, dass der Zwangsneurotiker zum einen seine Lieben vor Unglück bewahrt, zum anderen aber auch gleichsam der Regisseur einer aggressiven Fantasie ist bzw. es in der Hand hat, ihnen ein Unglück zustoßen zu lassen, indem er die Zwangshandlung unterlässt. Psychoanalytisch wird das als Zusammentreffen eines aggressiven Wunsches und dessen Verbot bzw. Abwehr gesehen (psycho-logisch: das Ungeschehen-Machen des Wunsches, der als bereits realisiert erlebt wird, also genauso schuldbesetzt).

Nicht-neurotische Erkrankungen stellen eine Herausforderung für den Konfliktbegriff in der Ätiologie psychischer Erkrankungen dar. Aus diesem Grund hat sich Freud (relativ) skeptisch demgegenüber gezeigt, von ihm so genannte aktualneurotische Erkrankungen (heute eher: somatoforme Erkrankungen oder die klassischen Psychosomatosen) oder narzisstische Neurosen (heute eher: die (paranoide) Schizophrenie) psychoanalytisch behandeln zu können. Aus seiner Sicht fehlt darin die infantil-psychosexuelle Genese, damit auch die symbolische Bedeutung des Symptoms und die Ausbildung von Übertragung und Übertragungsneurose. In der Folge wird es auch problematisch, das (symptombildende) Wirken unbewusster Konflikte aufzuweisen. Zwar lässt sich diesem Einwand begegnen, indem man den Konfliktbegriff von der engen Anbindung an das Wirken eines Verbotes löst und von »frühen« Konflikten zwischen Nähesehnsüchten und Verschmelzungsängsten spricht (vgl. a. die Konfliktformen gemäß der OPD), jedoch ist damit schon ein Schritt in Richtung dessen gemacht, was psychoanalytisch unter Konzeptionen wie Struktur, Persönlichkeitsorganisation oder ähnlichem auftaucht, nämlich insofern diese Art von Konflikt auf die unsicheren Selbst-Objekt-Grenzen verweisen.

Auch in klassischer psychoanalytischer Auffassung gibt es die Rede von »Charakterneurosen«, d. h. denjenigen Krankheitsbildern, deren Symptomatik weniger eng umrissen ist als die hysterische Ohnmacht oder die mehr oder weniger isolierte Zwangshandlung, sondern in umfassenderer Weise einen (pathologischen) Persönlichkeitsstil betrifft, der, so würde man heute sagen, vor allem den Umgang mit Affekten und das Erleben des Selbst in Beziehungen betrifft. Damit ist das Konzept der Charakterneurose ein wichtiger Vorläufer des Begriffs der »Persönlichkeitsstörung« und teilt mit dieser das Erfordernis, ein Konzept von psychischer Struktur zu entwickeln.

Eine wichtige Grundlage des psychoanalytischen Strukturkonzepte (das sich auch, aber darauf nicht eingegrenzt im Ansatz der strukturbezogenen Psychotherapie Rudolfs findet; Rudolf, 2004) ist die Konzeption der Persönlichkeitsorganisation bei Kernberg (auf Überlegungen zu »pathologischen Organisationen« im Sinne Steiners, die sich davon in gewissen Aspekten unterscheiden, werde ich weiter unten eingehen). Im Zuge seiner Arbeiten zum pathologischen Narzissmus und zur Borderline-Persönlichkeitsstörung unterscheidet Kernberg (1975) zwischen neurotischer, psychotischer und Borderline-Persönlichkeitsorganisation (BPO). Die gängige Auffassung, die Borderline-Struktur zwischen Neurose und Psychose anzusiedeln, vertieft Kernberg dabei hinsichtlich der drei Bereiche: (integrierte) Identität, Abwehrmechanismen und Realitätsprüfung. Hinsichtlich der BPO nimmt er eine, wie bei der Neurose und anders als bei der Psychose, meist weitgehend intakte Realitätsprüfung an (Einschränkungen sind hinsichtlich der Zuordnung von Affekten und Absichten zu machen), während die Abwehrmechanismen ähnlich »unreif« und das Identitätserleben ähnlich instabil bzw. fragmentarisch sind wie bei der Psychose (Kernberg nennt es eine »Identitätsdiffusion«). Zwar lassen sich Psychodynamik und Persönlichkeitsorganisation der BPO nicht für Persönlichkeitsstörungen überhaupt verallgemeinern, hinsichtlich einer Rede von »frühen« Störungen (ähnlich wie: strukturelle Störungen) liefern seine Überlegungen ein wichtiges Grundgerüst. Gerade das, was Kernberg unter »(Ich-)Identität« fasst, ist dabei ein wichtiger Vorläufer des Strukturkonzepts, nämlich insofern es darin um die Formen des Erlebens von Selbst und Objekt(en) geht, in fragmentierter, von Spaltungsmechanismen geprägter Form.

Systematisch entwickelt wurde ein psychodynamisches Strukturkonzept (auch unter Einfluss der Überlegungen Rudolfs) in Deutschland im Rahmen der Operationalisieren Psychodynamischen Diagnostik (vgl. Arbeitskreis OPD, 2006). Deren Grundüberlegungen und Interviewform übergehe ich an dieser Stelle ebenso wie die Darstellung ihrer axialen Form, in der neben der Achse Struktur noch die Konflikt- und die Beziehungsachse inhaltlich entscheidend sind (hinzu kommen die Achsen für Krankheitserleben/ Behandlungsvoraussetzungen und für psychische und psychosomatische Störungen in diagnostischer Hinsicht). Die Strukturachse der OPD unterscheidet dabei verschiedene Dimensionen: Selbstwahrnehmung und Objektwahrnehmung, Selbstregulierung und Regulierung des Objektbezugs, Kommunikation nach innen und nach außen, Bindung an innere und äußere Objekte. Auf der Grundlage dessen und gestützt auf ein Interviewverfahren wird eine Einschätzung des Strukturniveaus zwischen guter, mäßiger, geringer Integration oder Desintegriertheit vorgenommen. Wenn also von »struktureller Störung« oder »strukturbedingter Störung« die Rede ist, bezieht sich das auf Beeinträchtigungen der genannten Dimensionen psychischer Struktur und das geringe Niveau der Integration der psychischen Struktur. Für die »gering integrierte« psychische Struktur etwa wird laut OPD zusammengefasst (Arbeitskreis OPD, 2006, S. 258):

> »Wenig entwickelter psychischer Binnenraum und geringe Differenzierung psychischer Substrukturen; Konflikte sind interpersonell statt intrapsychisch; Selbstreflexion fehlt; Identitätsdiffusion; Intoleranz für negative Affekte; Impulsdurchbrüche und große Kränkbarkeit; Abwehr: Spaltung, Idealisierung, Entwertung; fehlende Empathie und eingeschränkte Kommunikationsfähigkeit; innere Objekte sind vorwiegend verfolgend und strafend; zentrale Angst: Zerstörung des Selbst durch den Verlust des guten Objekts oder durch das böse Objekt.«

Geht man davon aus, dass gemäß der oben genannten Indikationskriterien für stationäre Behandlungen die »Schwere« der psychischen Erkrankung inhaltlich qualifiziert werden kann im Hinblick auf die unteren Bereiche des psychischen Strukturniveaus, dann erweisen sich die hier genannten Kriterien als relevant für die stationäre Behandlung von Patienten. Zwei ergänzende Bemerkungen sind noch zu machen: Zum einen klingen die Beschreibungen z. B. des gering integrierten Strukturniveaus in erster Linie defizitär. Eine umfangreiche Debatte wird psychoanalytisch darüber geführt, ob man psychische Erkrankungen bzw. Symptome als (Entwicklungs-) *Defizite* oder als funktionell im Hinblick auf psychische *Konflikte* beschreiben sollte. Meiner Auffassung nach »verschenkt« man einiges an Erkenntnisgewinn, wenn man vom schlichten »Fehlen« einer psychischen Funktion ausgeht, da diese sich aufgrund schädigender Entwicklungsbedingungen nicht ausbilden hätte können. Bei aller Anerkenntnis gravierende Einschnitte in die psychische Entwicklung halte ich es für möglich und sinnvoll, vom *funktionellen Fehlen* dieser oder jener psychischen Funktion (etwa der Affektregulierung) auszugehen, d. h. dass es »Sinn macht«, bestimmte Vermögen nicht zur Verfügung zu haben. Diese Funktionalität der Unverfügbarkeit psychischer Funktionen allerdings lässt sich nur in Relation zu einem Konzept wie »psychische Struktur« beschreiben. Damit bin ich bereits bei der zweiten ergänzenden Bemerkung. In einer Terminologie von »konfliktbedingten« und »strukturbedingten« Störungen sollte nicht übersehen werden, dass auch diejenigen Erkrankungen, bei denen das niedrige Strukturniveau im Mittelpunkt steht, sich im Hinblick auf Konflikthaftigkeit begreifen lassen (erst recht unter Relativierung eines Defizitgedankens psychischer Funktionen), und umgekehrt auch bei »reifen« konfliktbezogenen Störungen die Frage nach der strukturellen Reife nicht unerheblich ist.

Nimmt man die Annahme eines niedrigen Strukturniveaus bei denjenigen Patientinnen wieder auf, für die stationäre Behandlungen indiziert sind, dann wird auch deutlich, dass einige psychodynamische Konzepte, die einer solchen Einschätzung zugrunde liegen bzw. die klinischen Phänomene begreiflich zu machen helfen, vertieft betrachtet werden sollten.

3.2 Formen des Objekterlebens

Sowohl in den Überlegungen zur Dimension der Identität (und deren Integriertheit) in der Konzeption der Persönlichkeitsorganisation Kernbergs als auch hinsichtlich der Beurteilungsmerkmale des Strukturniveaus in der OPD ist bislang angedeutet worden, dass die Frage nach den Selbst-Objekt-Grenzen und den integrierten Vorstellungen vom Selbst und Anderen bedeutsam ist. Dazu sind einige entwicklungspsychologische Grundlagen zumindest knapp zu skizzieren.

Eine psychoanalytisch überzeugende Theorie der frühen psychischen Entwicklung hebt deren Anbindung an leibliche Interaktionserfahrun-

53

gen hervor: Eine Unterscheidung zwischen Selbst und Objekt ist dabei nicht vorgegeben und müsste schlicht in der Erfahrungswelt aufgefunden oder registriert werden, sondern es sind die Wechsel aus Berührung und Nicht-Berührung und natürlich auch zwischen Befriedigung und Nicht-Befriedigung als passagere und relative Erfahrungen von Abwesenheit oder Getrenntheit, die psychisches Erleben in Gang setzen. Insofern leibliche Berührung und innerleibliche Vorgänge als triebhaft konzipiert werden (triebhaft im Sinne einer drängenden Vermittlung von Erregungszuständen in frühe Formen der Repräsentation), sind sie es, die eine repräsentatorische Antwort oder Verarbeitung erforderlich machen. So können Lust und Unlust als erste Strukturierungsmomente des Psychischen betrachtet werden. Und so wird deutlich, wie psychoanalytisch immer schon triebbezogene Aspekte der Entwicklung mit objektbezogenen verknüpft sind (Storck, 2018a).

In verschiedener konzeptueller Terminologie ist dabei die Erfahrung von Getrenntheit, ausbleibender Befriedigung, Mangel oder Abwesenheit (in Relation zur befriedigenden, liebevollen Nähe) entscheidendes Agens der psychischen Entwicklung. Wenn Bion (1962a) etwa formuliert, »Nicht-Brust« sei der erste Gedanke, dann verweist das auf die entwicklungsbedingt Aufgabe eines repräsentatorischen Umgangs mit der Abwesenheit des (äußeren) Objekts in der Wahrnehmung. Das erst macht es erforderlich, es in der Vorstellung anwesend zu machen, d. h. zu repräsentieren oder (in einer Bedeutung als frühster Form dessen) zu symbolisieren.

Die Sache wird natürlich dadurch komplizierter, dass ebenso wenig wie von einer immer schon gegebenen Verfügbarkeit psychischer Repräsentationen von einer primordialen Integriertheit oder Abgegrenztheit von Selbst und Objekt ausgegangen wird. Ebenfalls in verschiedener konzeptueller Terminologie wird psychoanalytisch angenommen, dass erste lustvolle und unlustvolle Erfahrungen im Zusammenhang endogener und exogener Reize als unverbunden erlebt werden bzw. genauer: dass es keinen Grund gibt, ihre Verbundenheit im Erleben anzunehmen. Einfacher formuliert »erlebt« der Säugling oder das Kleinkind im Rahmen dieser Konzeptualisierung ein Bündel von Reizungen (die sich erst sukzessive zu Affekten entwickeln), in den zunächst Fragmentiertheit oder Gespaltenheit vorherrscht (wichtig ist, dass er keine Spaltungs*mechanismen* einsetzt, sondern im Umgang mit der Gespaltenheit seiner vielfältigen Erfahrungen zunächst keine Möglichkeiten zur Verfügung hat). Im Hinblick auf die Repräsentation von Selbst und Objekt bedeutet das, dass zunächst Teilrepräsentanzen zur Verfügung stehen. Das hat nicht einzig mit der sensorischen und triebbedingten Vielfalt der Erfahrungswelt zu tun, sondern weist zudem einen funktionellen Aspekt auf: Die Integration verschiedener Aspekte des Selbst- und Objekterlebens ist insofern bedrohlich, als eine Beschädigung oder Zerstörung des Guten durch das Schlechte befürchtet wird. Beides muss auseinandergehalten werden, um das Gute zu bewahren, und gemeint ist damit sowohl das Gute am Selbst als auch das Gute am Objekt. Freud (1925h), und nach ihm vor allem Klein (1946) oder Kernberg (1975), beschreiben Prozesse, in denen das Gute (und Befriedigende) ins Selbst hineingenommen, das Schlechte (Unbefriedigende) ausgestoßen wird. Im Zusammenhang damit, und dies wieder sowohl bezüglich der triebbezogenen als auch bezüglich der objektbezogenen Aspekte, stehen frühe Formen des psychischen Erlebens, in denen ausbleibende Befriedigung oder das Fehlen des Objekts nicht als Fehlen des Guten, sondern als Anwesenheit von etwas Schlechtem erlebt werden: Segal (1991, S. 35) gibt das Beispiel, dass in der französischen Sprache für Hunger die Formulierung »manger la vache enragée« (man isst eine wütende Kuh) verwendet wird. Hinsichtlich des frühen Erlebens kann dann gesagt werden, dass Hunger zunächst nicht als Fehlen und Ersehnen von etwas erlebt wird, sondern als Anwesenheit von etwas, das quält. Psychoanalytisch, insbesondere durch M. Klein, wurde das im Konzept der unbewussten Fantasie bzw. der paranoid-schizoiden Phase konzipiert: In der frühen psychischen Entwicklung ist die Fantasie Bildnerin des Psychischen, psychische Repräsentation ist der Reim, den man sich auf Erregungszustände macht. Darin sticht die Fantasie eines schlechten Objekt hervor, das bedrohlich ist und angreift (eigene aggressive Impulse werden so projektiv ausgelagert), so dass das Auseinanderhalten unterschiedlicher Anteile von Selbst und Objekt zu Beginn der Bildung einer psychischen Welt wichtig wird. In frühen Entwicklungsphasen ist es von daher aus Sicht der Psychoanalyse »angemessen«, die Welt in schwarz und weiß zu unterteilen, weil es einer Art Durchgangsstadium dient, auf dem Weg zu differenzierten und integrierten Vorstellungen von Selbst und Objekt, im Rahmen derer Bezüge Affekte ausgehalten werden können. Unter förderlichen Entwicklungsbedingungen gelingt die Ausdifferenzierung der Welt von Selbst, Objekt, Beziehungen, Affekten und Triebregungen. Eine schädigende Umwelt (in erster Linie sogenannte Typ-I-Traumata bzw. chronische Beziehungstraumata einer nicht-haltenden oder narzisstisch-missbräuchlichen Beziehungswelt) hingegen führt dazu, an der Funktion des Gespaltenseins der Repräsentanzenwelt festzuhalten: Zum einen weil keine interpersonell moderierende (containende) Form für Trieb und Affekt gefunden wird (und so Überflutungsängste und die unbewusste Fantasie vorherrschen, durch die eigene Triebhaftigkeit andere zu schädigen), zum anderen weil das Gute in Beziehungen ständig in Frage steht und vom Schlechten verschluckt zu werden droht.

Paradoxerweise geht dabei die Fragmentierung der psychischen Welt einher mit verschwommenen Grenzen (einen Beitrag dazu leisten sogenannte Typ-II-Traumata in Form sexuellen Missbrauchs oder von Gewalterfahrungen). Die fehlende Integriertheit der Repräsentanzen von Selbst und Objekt und die Aufteilung in »gute« und »schlechte« Anteile führen dazu, das Teilaspekte von Selbst und Objekt gleichsam miteinander verklebt bleiben bzw. nur in der Zusammengehörigkeit erlebt werden können. Bei Freud spielt das Verhältnis von primärer Identifizierung und Objektbesetzung in der psychischen Entwicklung eine Rolle und hat für einige konzeptuelle Problematiken gesorgt hinsichtlich der Frage, welches dem anderen vorausgeht. Eine konzeptlogische Unklarheit besteht dabei etwa darin, wie von Identifizierungsprozessen ausgegangen werden kann, *bevor* Objekte (libidinös) besetzt werden, d. h. psychische Repräsentanzen vorliegen. Wendet man den Begriff der primären Identifizierung jedoch dahingehend, von ihr nicht als einem psychischen Mechanismus, sondern von einer psychischen Struktur auszugehen (vgl. Zepf & Hartmann, 2005, S. 32 f.), kann er etwas erhellen: Dann nämlich wird damit ein Zustand beschrieben, in dem (»primär«) ein Ins-Eins-Gesetzt-Sein vorliegt zwischen dem, was so nicht abgegrenztes Selbst wird, und dem, was so nicht abgegrenztes Objekt wird – ein frühes Universum, in dem kein Selbst in der Welt existiert, aber auch nichts in der Welt, das nicht Selbst wäre. Pathogene Entwicklungsbedingungen betreffen die Ausdifferenzierung dieser primär-identifikatorischen Struktur. Psychische Organisation steht dann immer in Relation zum (relativen) Verschmolzensein mit der Umwelt, mit allen Folgen, die das hat (hinsichtlich der Affektregulierung, der Symbolisierung/Mentalisierung oder des Narzissmus‹). Es zeigt sich darin potenziell also, was üblicherweise eine »strukturelle Störung« oder ein niedriges psychisches Strukturniveau genannt wird, aber eben gerade in seinen funktionellen Aspekten: der Vermeidung massiver Ängste, die das Selbst- bzw. Identitätserleben betreffen.

Das Erleben von Selbst und Anderen ist in der Folge (auch geprägt durch das Wirken von Abwehrmechanismen; ▶ Kap. 3.3) vor allem unkonturiert, undifferenziert, aus Teilfragmenten zusammengesetzt und von einem Wechsel aus Überflutung und Leeregefühl bestimmt.

Die weitere psychische Entwicklung organisiert sich gleichsam um diese frühen Strukturen herum, wobei Teile der psychischen Welt an die Elemente von unklaren Selbst-Objekt-Grenzen und in sich gespaltenen bzw. fragmentierten Selbst- und Objektrepräsentanzen gebunden bleiben. Nützlich ist daher hier die Erwähnung der Konzeption einer pathologischen Organisation (des Psychischen), wie sie in der sogenannten post-kleinianischen Psychoanalyse wichtig ist, insbesondere in den Arbeiten Steiners (1993). In anderer Akzentuierung als in den Überlegungen Kernbergs zur Persönlichkeitsorganisation, aber ausgehend von ähnlichen Problemstellungen, wird hier dem Umstand Rechnung getragen, dass Spaltungs- und Fragmentierungsvorgänge alles andere als Ordnung im Psychischen schaffen, so sehr auch Dinge getrennt gehalten werden und eine Schwarz-Weiß-Logik vorherrscht. Vielmehr werden im Anliegen der Angstminderung und eines Kohärenzerlebens der psychischen Welt Fragmente von Selbst- und Objektrepräsentanzen zueinander geführt und verbunden. Steiner nennt das Resultat in einigen Fällen eines »seelischen Rückzugs« in pathologische Organisationen eine »innere Mafia«, also eine Welt der Vorstellungen von Objekten, die gewaltvoll und bedrohlich sind, aber als Verbündete gewonnen werden können, so dass das Selbst nicht so hilflos erscheinen muss, wie es zu sein befürchtet.

Die auf diese Weise angedeutete Psychodynamik pathologischen Objekterlebens vor dem Hintergrund problematischer Entwicklungsbedingungen ist am deutlichsten für die Borderline-Persönlichkeitsstörung bzw. die ihr zugrundeliegende Persönlichkeitsorganisation beschrieben worden, ferner werden einige der ausgeführten Aspekte auch im Zusammenhang psychosomatischer Erkrankungen deutlich (vgl. Storck 2016a; Storck & Warsitz 2016). An dieser Stelle geht es mir um die Vorbereitung der Darstellung, wie ein unabgegrenztes Erleben von (Teil-) Objekt- und (Teil-) Selbst-Anteilen im Zusammenhang spezifischer Abwehrmechanismen und spezifischer Formen der Übertragung einhergeht.

3.3 Abwehrmechanismen

Bisher ist angedeutet worden, dass in ungünstigen Entwicklungsverläufen und potenziell am Grund der Symptome einer strukturellen Störung ein Gespaltensein und eine Fragmentierung der Objektwelt aufrechterhalten werden. Auch eine erste Linie der Abwehrmechanismen ist daher im Zusammenhang der Spaltung zu sehen bzw. in Prozessen, die der Aufrechterhaltung der Spaltung dienen, vornehmlich der Projektion.

Der Abwehrmechanismus der Spaltung (vgl. zur kritischen Diskussion insbesondere Zepf, 2009; Blass, 2013) betrifft die Repräsentanzen von Selbst und Objekt und darin gesondert »gute« und »böse« Aspekte an beiden. Wie in der Skizze der Formen des Objekterlebens in entwicklungspsychologischer Hinsicht deutlich geworden ist, erfüllt die Spaltung vor allem die Funktion des Gespaltenseins: als ein Schutz der guten vor den bösen Anteilen. In diesem Zusammenhang ist es für jemanden unerträglich zu spüren, dass das geliebte Objekt auch gehasst wird. Ein Zusammenbringen dieser verschiedenen triebhaften Besetzungen bzw. Affektlagen gegenüber dem Anderen würde, so die unbewusste Angst, heißen, dass das Gute mit Schlechtem gleichsam kontaminiert, durch dieses verdorben oder zerstört würde. Zwischen gut und schlecht im Hinblick auf die psychische Repräsentation des Objekts zu spalten, bedeutet also, das Gute überhaupt zu bewahren.

Das betrifft nicht nur das Objekt, sondern auch das Selbst – unerträglich ist auch, selbst aggressive, als zerstörerisch erlebte Affekte oder Triebregungen als dem Selbst zugehörig ahnen zu müssen, so dass sie »ausgestoßen« (psychoanalytisch gesprochen: projiziert) werden müssen und im äußersten Fall ein von »schlechten« Anteilen reines Selbst und eine (überwiegend) schlechte, verfolgende Umwelt resultiert.

Beide Mechanismen, Spaltung und Projektion, betreffen dabei die Welt der psychischen Repräsentanzen: Jemand projiziert z. B. einen aggressiven Wunsch »auf« das innere Objekt, d. h. konkret, dass die Vorstellungen vom Objekt (und vom Selbst, dadurch ist der Vorgang ja motiviert) verändert werden: Als Resultat der Projektion erlebe ich jemand anderen dann als mir Übles wollend und mich selbst als friedfertig. Auch die Spaltung, die prozessual im Wesentlichen Folge von Projektionen und Verschiebungen ist, betrifft die Repräsentanzwelt, es wird nicht die äußere Welt verändert, auch wenn es Folgen hat, diese auf eine bestimmte, »gespaltene« Weise zu betrachten.

Es ist allerdings neben diesen Prozessen, die der Aufrechterhaltung eines Gespalten- und Fragmentiertseins der inneren Welt dienen, ebenso deutlich geworden, wie die unsicheren Selbst-Objekt-Grenzen im Zusammenhang der nötigen Angstminderung und des Erreichens eines basalen Sinns von Selbstkohärenz zugleich zu Zuständen des Verschmolzenseins beitragen (bzw. zum partiellen Aufrechterhalten eines primären Identifiziertseins im o.g. Sinn). Das psychoanalytische Konzept der projektiven Identifizierung (Überblick bei Weiß & Frank, 2007) ist häufig kritisch betrachtet worden. Im Wesentlichen lassen sich zwei Begriffsverwendungen unterscheiden, eine eher intrapsychische und eine außerdem das Interpersonelle stärker einbegreifende Sicht. Die aufs Intrapsychische zentrierte Begriffsfassung bezieht sich auf ein Zusammenwirken von projektiven und identifikatorischen Prozessen, die sich beide an den Selbst- und Objektrepräsentanzen abspielen: Als unerträglich erlebte Selbstanteile werden »auf« das Objekt (d. h.: dessen Repräsentanz) projiziert und dann, damit verzahnt, Gegenstand einer Identifizierung. Es ist dann also gleichsam die Annahme von Selbstanteilen, sofern sie als Teil des Objekts erlebt werden. Die zweite Begriffsfassung erkundet stärker die interpersonellen Folgen: Hier wird konzipiert, wie im Anschluss an die Projektion, die den selben Motiven folgt, die Objektrepräsentanz verändert wird, aber auch das Erleben des äußeren Objekts im Lichte dieser Repräsentanz. Dieses Erleben vermittelt sich auch dem Objekt als Gegenüber und zwar in einer derartigen affektiv-triebhaften Unmittelbarkeit, dass das Gegenüber dadurch auch als äußeres Objekt »verändert« wird, d. h. einen Teil des auf ihn Projizierten insofern annimmt, als das Erleben und Handeln dadurch mitgeprägt wird. Während in der ersten Begriffsfassung Projektion und Identifizierung beide das Selbst betreffen (dieses ist es, das projiziert und sich identifiziert), liegt in der zweiten Begriffsfassung die Projektion auf Seiten des Selbst und die Identifizierung auf Seiten des Objekts.

Es wird deutlich, dass die erste Begriffsfassung quasi in der zweiten aufgehoben ist: Denn das (unbewusste) Bemühen, das äußere Objekt dazu zu bringen, sich mit dem Projizierten zu identifizieren, folgt gerade dem Anliegen einer eigenen Identifizierung mit den durch das Sich-Identifizieren des äußeren Objekts mit dem Projizierten veränderten Selbst-Anteilen. Anders gesagt: Durch die Projektion will jemand erreichen, dass der Andere sich mit dem Projizierten identifiziert, damit das Projizierte als derart vorverdaut wieder ins Selbst hineingenommen werden kann. Hier wird schließlich deutlich, dass die projektive Identifizierung nicht allein Abwehrmechanismus ist und der Entleerung des Selbst von Unerträglichem dient, sondern dass es auch eine mehr oder minder hilflose Form der Kommunikation innerer Zustände ist, sowie der Delegation von affektiver Regulierung oder dem Containment von (triebhaften) Beta-Elementen als zunächst nicht-repräsentierbarer sinnlicher »Rohdaten« im Sinn Bions.

Dabei darf nicht übersehen werden, dass Selbst und Objekt viel weniger abgegrenzt sind, als es in der bisherigen Darstellung der projektiven Identifizierung zu sein scheint: Es sind keine geordneten Vorgänge des Hin- und Hertransportierens umgrenzter Gehalte von einem umgrenzten Standort des Inter-Psychischen zum nächsten. Die projektive Identifizierung beruht gerade auf einer Unabgegrenztheit, die es (zu-

60

mindest zunächst) auch für das Gegenüber unerkennbar macht, »zu wem« was nun eigentlich gehört.

Die hier genannten Abwehrmechanismen, Spaltung, Projektion, projektive Identifizierung, gelten psychoanalytisch als »frühe« oder »unreife«, da sie dem Bemühen um die Aufrechterhaltung basaler psychischer Strukturen und deren Schutz vor affektiv-triebhafter Überflutung (v. a. mit Angst) dienen, einschließlich des Schutzes vor als zerstörerisch erlebten Objekten. Ihr Ergebnis, zum einen das Gespaltensund Fragmentiertseins des Psychischen, zum anderen die Aufrechterhaltung eines primären Identifiziertseins mit allem, was »gut« ist, strukturiert die psychische Organisation. Als ein weiterer wichtiger Abwehraspekt ist dabei daher etwas zu nennen, welches das Aufrechterhalten einer fantasierten Einheit (zwischen Teilen von Selbst und Objekt) oder das (Wieder-) Herstellen von Kohärenz (des Selbst, der »Ordnung« der Welt) zu erreichen versucht. Ich habe bereits darauf hingewiesen, dass die beschriebenen Vorgänge im Wesentlichen als motiviert durch das Ziel der Angstminderung zu begreifen sind. Genauer betrachtet betrifft diese drohende Angst das grundlegende Dilemma zwischen dem einerseits drohenden vollkommenen Grenzverlust und der andererseits drohenden vollständigen Isolation des Selbst von Anderen. So wird beständig (abwehrend) darum gerungen, in Beziehung zu Anderen zu treten oder zu bleiben – einer »Beziehung« jedoch, die angesichts der Organisationsform des Psychischen diesen Namen kaum verdient, da das Verhältnis zum Anderen nur als Verschmelzung oder komplette Zurückweisung gedacht werden kann.

Abwehrbemühungen folgen daher im Wesentlichen zwei Motiven: Erstens der Vermeidung von realer Trennung und gefühlten Getrenntseins vom Anderen (einschließlich des Erlebens von Unterschiedenheit überhaupt), zweitens der Vermeidung von dysfunktional entgleister, als Verschmolzensein erlebter intimer Beziehung und damit der Herstellung zumindest basalster Grenzen zwischen Selbst und Objekt (sowohl intrapsychisch als auch interpersonell), die wiederum dysfunktional entgleisen zu solchen rigiden Grenzsetzungen, die Beziehung gerade verhindern.

Damit sind äußerste Formen pathologischer Abwehrstrukturen und deren Folgen für die Organisation des Psychischen beschrieben. Gezeigt werden soll damit gleichwohl, wie Themen von unerträglicher Trennung, unerträglicher Intimität und unvorstellbarer Selbst-Objekt-Grenzen grundsätzliche Themen eines »niedrigen Strukturniveaus« sind und damit, wenn auch in unterschiedlich gravierender Ausprägung, gerade diejenige Patientengruppe betreffen, für die eine stationäre Behandlung indiziert ist.

3.4 Übertragung

Die Formen des Objekterlebens als Motiv für und Folge von bestimmten Abwehrmechanismen strukturieren auch die Formen der Übertragung (vgl. Gumz & Storck, 2017). Das bedeutet, dass diese sich weniger als eine Übertragung des »gesamten Dramas« darstellt, wie in ambulant psychoanalytischen Behandlungen mit neurotischen Patientinnen im Sinne Freuds (wobei zu diskutieren ist, ob deren Strukturniveau aus heutiger Perspektive als so besonders hoch zu gelten hat), sondern als ihrerseits fragmentarische und unabgegrenzte Übertragungsmanifestationen.

Nimmt man als eine Arbeitsdefinition der Übertragung hier an, dass es sich dabei um Vorgänge und deren Folgen handelt, durch die sich abwehrbedingt vom Bewusstsein ferngehaltene Aspekte des psychischen Erlebens an die Aktualität der psychoanalytischen Beziehung heften (diese also als eine Art von »Tagesrest« nutzen), dann wird darin der Aspekt der Wiederholung deutlich und ebenso der Aspekt der Kompromissbildung im Licht unbewusster Vorgänge. »Übertragung« bedeutet dann die Zugänglichkeit bestimmter Aspekte des Erlebens angesichts der Beziehung zum Analytiker; insofern es sich bei der Übertragung um ein unbewusstes Geschehen handelt, ist aber nicht ohne Weiteres ersichtlich, dass sich etwas wiederholt und was – »zugänglich« sind die beteiligten Affekte. Das ist behandlungstechnisch wie erkenntnispraktisch für die Psychoanalyse deshalb so entscheidend, weil erst so begründbar wird, weshalb sich Deutungen und anderen Interventionen in legitimer Weise auf etwas richten können, das dynamisch unbewusst ist und noch dazu (in erster Linie) aus der infantilen Zeit stammt. Erst wenn begründet werden kann, weshalb sich in der aktuellen Szene der Behandlung und Beziehung etwas zeigt, das eine ähnliche »situative Struktur« aufweist wie andere Szenen aus der aktuellen und biografischen Lebenswelt einer Analysandin, dann kann etwas vom Unbewussten »verstanden« werden, nämlich »szenisch« (vgl. Storck, 2017d; Lorenzer, 1970; Argelander, 1967). Das psychoanalytische Setting soll der Vertiefung dessen dienen: Die Regression wird gefördert, um eine Zugänglichkeit zu Erlebnisweisen der infantilen Zeit zu erleichtern und die analytische Beziehung zu intensivieren. Die solcherart angestrebte Herstellung einer Übertragungsneurose soll die (neurotischen) Symptome in der analytischen Beziehung aktualisieren und sie darauf zentrieren. So sind zum einen die »Außenbeziehungen« symptomatisch entlastet und kann zum anderen die Neurose *in praesentia* erschlagen werden (Freud, 1912a, S. 374). Psychoanalytisches Durcharbeiten im klassischen Sinn bezieht sich auch auf das Herstellen und Auflösen einer Übertragungsneurose (vgl. Storck, 2016c).

Der Übertragungsbegriff kreist dabei augenscheinlich um das Konzept des (unbewussten) psychischen Konflikts und der infantilen (sexuellen) Genese im Rahmen *neurotischer* Erkrankungen. Es lässt sich aber begründen, weshalb der Grundgedanke einer Aktualisierung konflikthafter Aspekte des Psychischen im Rahmen der Behandlungsbeziehung sowie die Figur von sich in dieser zeigenden und potenziell durchzuarbeitenden Symptome nicht auf neurotische Erkrankungen beschränkt bleibt. Verschiedene Autoren machen sich etwa für ein dem der Übertragungsneurose zur Seite gestelltes Konzept von Übertragungspsychosomatose (Kutter, 1986; vgl. Storck, 2016b, S. 302ff.) oder Übertragungspsychose (vgl. Storck & Stegemann, 2018) stark und erst recht im Rahmen der Behandlung von Patienten mit einer Persönlichkeitsstörung wird deutlich, dass habituelle bzw. in der Persönlichkeitsstruktur fest verankerte Symptome, die sich auf das Beziehungs- und Affekterleben richten und sich darin äußern, die Behandlungsbeziehung strukturieren und für Veränderungsprozesse nutzbar sind. Der Grundgedanke der Übertragungsneurose taucht also wieder auf: Die Symptome lassen sich auf die analytische Behandlung und die dortige Beziehung zentrieren und durcharbeiten, auch wenn die psychische Struktur gering oder desintegriert ist und auch wenn die vorherrschenden Abwehrmechanismen nicht »reife« wie Verdrängung, Rationalisierung oder Affektisolierung sind, sondern »unreife« wie Spaltung, Projektion oder projektive Identifizierung.

Gleichwohl gestaltet sich die Arbeitsbeziehung unter der Wirkung dieser Abwehrmechanismen anders (und ist der Komplex des Übertragungswiderstands anders zu bewerten). In erster Linie, das haben die Abschnitte zur Form des Objekterlebens zeigen können, ist zu erwarten, dass die Kontur des Übertragungsobjekts, zu dem die Analytikerin wird, verschwommen und fragmentarisch ist. Die Unerträglichkeit von Trennung und Getrenntheit (was sich zum einen konkret im Stundenende, den Pausen zwischen Stunden oder in Ferienunterbrechungen zeigt, zum anderen auch im Erleben von Unterschiedlichkeit, die als Trennung erlebt werden muss) motiviert ein Bemühen um Gleichheit oder Einheit und ebenso deren Gegenpol, das Bemühen um Grenzsetzung in radikaler Form (bis hin zum Nicht-Sprechen). Mit der Verschwommenheit der Kontur des Übertragungsobjekts korrespondiert dessen Partikularität oder Fragmentierung: Übertragen werden Teile der Objektwelt vor dem Hintergrund der zurückliegenden und aktuellen Erfahrungen, ebenso wie Teile des Erlebens des Selbst. Die Unintegriertheit erzeugt, noch intensiviert durch Schwierigkeiten mit der Affektregulierung und -differenzierung, dabei rapide Wechsel in der Übertragungsgestalt, sowohl hinsichtlich Idealisierung und Entwertung des Analytikers als auch hinsichtlich wechselnder Fragmente der inneren Objektwelt, die aktualisiert werden.

Das ruft in erster Linie Verwirrung über die Strukturen der Beziehungsgestaltung in der Behandlung hervor. Die Gegenübertragung, hier begriffen als die Gesamtheit der psychischen Antwort auf die Übertragung durch die Analytikerin (und damit unterschieden von den »Eigenübertragung« genannten Anteilen, welche sie seinerseits in der Beziehung mit dem Analysanden aktualisiert), bildet die Verunsicherung über Selbst-Objekt-Grenzen und die Ratlosigkeit ab, wie in eine Beziehung jenseits Verschmelzung und Isolation eingetreten werden kann.

Greift man den kommunikativen Aspekt der projektiven Identifizierung auf und beachtet man, dass damit auch eine Delegation an die

Analytikerin erfolgt, mit Trieb- und Affektzuständen etwas anzufangen und eine verdaute (d. h. ertragbare, nicht überflutende) Form bereitzustellen, dann wird klar, dass das empathische bzw. von Rêverie getragene Sich-Erreichen-Lassen von den unabgegrenzten und fragmentarischen Anteilen der Weg der »Diagnostik« des Beziehungserlebens eines Patienten ist.

Mit dem (auch) kommunikativen Aspekt von etwas, das Abwehr- oder Widerstandscharakter hat, ist auch erneut die Bedeutung des Agierens berührt. Auch dort hatte sich ja gezeigt, dass angesichts (auch funktionell) nicht vorhandener Möglichkeiten der Symbolisierung nichtsdestoweniger ein kommunikativer Aspekt in der Vermeidung von Beziehungshaftigkeit zu erkennen ist. Außerdem hatte ich dafür argumentiert, im Agieren die Abwehr des Objektbezugs zentral zu berücksichtigen und die Objektbezogenheit darin zu beachten und nach Möglichkeit zu deuten. Im Hinblick auf die Übertragung ist also auch hier zu sagen, das ein Ringen um die Möglichkeiten, unter Aufrechterhalten einer Grenze in Beziehung treten zu können, das leitende Merkmal ist.

Zwei Elemente der Übertragung in der Arbeit mit niedrig strukturierten Patientinnen sind also festzuhalten: Ihre Grenzenlosigkeit (einschließlich der Bemühungen um radikale Grenzsetzungen) und ihr fragmentarischer Charakter – d. h. die Unkonturiertheit und Unbeständigkeit von Übertragungsmanifestationen. Was bedeutet das nun für Übertragungsprozesse im stationären Setting?

Zunächst einmal ist zu sagen, dass das Behandlungsangebot einer Klinik an sich ein »Regressionsangebot« macht, insbesondere im Hinblick auf die Entlastung von Aufgaben in der alltäglichen Lebensführung. Diese Regression wird zwar durch das Setting »angeboten«, aber behandlungstechnisch anders als in ambulanten psychoanalytischen Behandlungen nicht gesondert gefördert oder explizit vertieft. Man kann sagen, dass dies auch deshalb nicht nötig bzw. nicht förderlich ist, da hinsichtlich früher Form des Erlebens von Selbst, Objekt und Affekt eine Zugänglichkeit zu diesen auch nicht gesondert hergestellt werden muss, weil, salopp gesagt, alles bereits auf die Bühne gebracht wird.

Es treffen sich hinsichtlich der Übertragung im stationären Setting die Klinikstruktur und die Form des Objekterlebens und der Abwehr auf zweierlei Weise:

1. Eine Klinik stellt eine Bühne zur Verfügung, auf der Beziehungserfahrungen in ihrer Aktualisierung »aufgeführt« werden können. Insofern Patienten eben nicht als Grundregel vermittelt bekommen »Nicht handeln, sondern sprechen«, sondern eher »Nicht handeln, ohne zu sprechen«, und noch dazu verschiedene Behandlerinnen in verschiedenen Settings in je unterschiedlicher Gewichtung des Handelns, Ausdrucks und Sprechens eine Art von multipersonellem Handlungsdialog eröffnet. Das trifft sich mit der Neigung der betreffenden Patienten, für ihre innere Welt einen Ausdruck im Beziehungshandeln (und dessen – handelnder – Vermeidung) zu finden statt sich im Kern den eigenen gedanklichen Assoziationen überlassen zu können.

2. Eine Klinik macht insofern ein Spaltungsangebot (Zwiebel), als durch die Multiprofessionalität und Multimodalität der Behandlung die Möglichkeit dafür geschaffen wird, fragmentarische Objektrepräsentanzen auf verschiedene Mitglieder des Behandlungsteams zu verteilen. So kann die eine Behandlungsbeziehung vor aggressiven Beziehungsaspekten »rein« gehalten werden oder es einer anderen gerade zugemutet werden, dass es affektiv »hoch her geht«. Auch hier trifft sich das institutionsstrukturelle Behandlungsangebot mit einem Charakteristikum der Abwehrstruktur bzw. der Form des Objekterlebens und damit auch der Beziehungsaufnahme.

Beide Elemente werden getragen davon, dass eine Klinikbehandlung prinzipiell das Thema der Grenzen in ihrem Setting noch direkter verkörpert als eine ambulante Behandlung es tut. Sowohl hinsichtlich der Klinik-Regeln« und des sonstigen Rahmens als auch hinsichtlich des insgesamt begrenzteren zeitlichen Rahmens der Behandlung sind Trennungsthemen direkter und früher nach Behandlungsbeginn Thema. Dies ist ein weiterer Grund für die Annahme, dass in stationären Behandlungen im Wesentlichen der Rahmen die Bühne ist.

Zusammenfassend ist zu sagen, dass hinsichtlich der Übertragungsprozesse im stationären Setting zum einen die allgemeinen Merkmale im Zusammenhang eines niedrigen Strukturniveaus zu beachten sind, nämlich ein Ineinander von Unkonturiertheit/Verschwommenheit von Übertragungsmanifestationen einerseits (die im Zusammenhang mit Unsicherheit über Selbst-Objekt-Grenzen zu sehen sind) und fragmentarischen Übertragungen andererseits (die im Zusammenhang mit den Schwierigkeiten einer Integration unterschiedlicher Selbst- bzw. Objektanteile zu sehen sind). Zum anderen sind die spezifischen Elemente einer stationären Behandlung zu berücksichtigen, nämlich das Spaltungsangebot, das mit der Multiprofessionalität und Multimodalität einhergeht: dazu gehört auch zu beachten, dass Übertragungsaspekte nur als solche reflektierbar sind, die von einer Teamgruppe »zusammengesetzt« werden.

3.5   Fallbeispiele

Auch für die in diesem Kapitel erörterten Aspekte möchte ich zwei Fallbeispiele aus teilstationären Behandlungen geben. Am ersten werden vor allem die projektiv-identifikatorischen Vorgänge und deren Aufnahme durch einzelne Behandlerinnen sowie durch das Behandlungsteams gezeigt werden können, am zweiten die Aufnahme verschiedener (Teil-) Übertragungsaspekte durch verschiedene Teammitglieder.

Der 47-jährige Herr I. (Storck, 2016b, S. 419ff.; 2017d) begibt sich in Behandlung, weil er an einer hohen psychischen und physischen Anspannung leidet sowie an wechselnden sich körperlich manifestierenden Beschwerden (Magen- und Muskelschmerzen, Ohrengeräuschen) und an einem verminderten Konzentrationsvermögen. Er fühle sich antriebslos und innerlich leer, verstärkt sei dies aufgetreten, nachdem seine letzte Partnerin ihn verlassen habe. Aus seiner Biografie ist hier besonders relevant, dass er schildert, dass während seiner Kindheit einmal die Mutter nach einem der vielen heftigen Streitereien mit dem Vater von Zuhause fortgelaufen wäre. Der Vater sei nachts in sein Zimmer gekommen und habe gesagt: »Sieh zu, wie du jetzt zurecht kommst, wo deine Mutter weg ist.«

Herr I. lässt in der Gruppe der Behandelnden zunächst einen »blendenden« Eindruck: Es entsteht vom attraktiven Patienten das Bild eines James-Bond-artigen Einzelgängers, der alles kann und alle Frauen betört – aber auch niemanden an sich heranlässt, und dies auch im Zusammenhang einer Dynamik, in der man sich immer wieder von ihm getäuscht oder manipuliert fühlt. Nichtsdestoweniger zeigt sich im Behandlungsteam zunächst eine Tendenz dazu, den Patienten zu idealisieren (▶ Kap. 5.7).

Seine Bezugspsychotherapeutin schildert, wie sie die Verläufe der einzeltherapeutischen Gespräche mit Herrn I. erlebe: Sie fühle sich von ihm geprüft und auf Abstand gehalten, die Gespräche würden meistens von ihm, kurz vor Ende der vereinbarten Gesprächszeit, beendet, indem er aufstehe und zur Tür gehe. Sie fühle sich dann sitzengelassen. Versteht man dies im Licht des zu vermutenden Übertragungsgeschehens, dann kann ein Mechanismus projektiver Identifizierung angenommen werden: Herr I., der nicht nur von der Mutter, sondern aktuell auslösend auch von der Partnerin verlassen worden ist, gestaltet die Situation nun so, dass er es ist, der eine Trennung einleitet und sein (weibliches) Gegenüber sitzen lässt – und unbewusst nach einem Vorbild dafür sucht, wie man mit so einer Situation emotional umzugehen vermag.

Eine ähnliche Figur zeigt sich, als es zu einer Vertretungssituation hinsichtlich der bezugstherapeutischen Aufgabe kommt. Zwei Wochen nach Behandlungsbeginn geht seine Bezugspsychotherapeutin für zwei Wochen in den Urlaub und eine Kollegin übernimmt den Behandlungsfall. Nach wenigen Einzelgesprächen mit Herrn I. schildert sie in einer Teamsitzung, er sei »der schlimmste Patient«, den sie je gehabt habe. Er blocke alles ab, was sie ihm an Verstehensmöglichkeiten anbiete. So habe sie ihm gesagt, dass er auf andere (in erster Linie Mitpatientinnen und Mitpatienten) oft arrogant wirke. Er habe das schlicht verneint. Nach einer Zeit habe sie benannt, dass sich zwischen ihnen eine Art Machtkampf entwickle – und auch das habe er schlicht zurückgewiesen. Wiederum etwas später habe Herr I. ihr dann gesagt, es werde ihm im Gespräch nun »zu intellektuell«, und das, während seine Therapeutin, so ihr nachträglicher Bericht im Team, »vor Wut gekocht« habe. Es entsteht also eine Szene, in der die Therapeutin enorme Wut und einen aggressiven Machtkampf wahrnimmt, während der Patient (dies zugegebenermaßen damit befeuernd) womöglich zutreffenderweise davon spricht, keine oder wenig Gefühle angesichts einer von ihm als zu intellektuell wahrgenommenen Situation zu haben. Nimmt man ihn beim Wort, dann ist vielleicht Folgendes geschehen: Herr I. hat seine Wut (angesichts des Verlassenseins durch seine eigentliche Bezugstherapeutin) projektiv verarbeitet, sich also davon entleert. Seine Vertretungstherapeutin zeigt sich aufnahmebereit dafür und spürt die Wut identifikatorisch als ihre, er hingegen ist gefühllos, da der projektive Mechanismus gelungen ist.

In beiden Fällen, dem delegierten Verlassenheitsgefühl und der delegierten Wut, gibt Herr I. seinen beiden Behandlerinnen unbewusst eine Aufgabe, ihm zu zeigen, wie man damit umgehen kann. Hinzu kommt, dass durch die Vertretungssituation auch eine Konstellation realisiert ist, in welcher die Person, die nach dem Verlassen-Sein noch da ist, nicht die richtige ist und vorgehalten bekommt, nicht die eigentlich gebrauchte zu sein. Die Behandlung durch ein Team und die dadurch mögliche Reflexion von Übertragung und Gegenübertragung lässt sich in der Behandlung Herrn I.s noch auf eine weitere Weise zeigen: Die anfängliche strahlende Wirkung des Patienten, den man idealisiert, verblasst zunehmend und weicht einem eher entwertenden Gelangweilt-Sein von ihm. Als Gruppe stellen sich die Behandelnden für das »Blendende« der Selbstrepräsentanz Herrn I.s zur Verfügung und seiner Strategie, zu Anderen initial in einem vermeintlichen Kontakt zu kommen, aber auch die Ernüchterung angesichts dessen, dass dann vielleicht doch nichts Großartiges dabei herauskommt. Die Gefahr ist dann, dass alles außer dem Großartigen nur als wertlos gelten kann.

Als zweites Beispiel schildere ich eine Sequenz aus der Behandlung von Herrn F., einem 26-jährigen Patienten, der an heftigen Panikgefühlen mit Herzrasen und Schwindelgefühlen leidet sowie an der Angst vor einem Kontrollverlust (vgl. Storck, 2016b, S. 380ff.). Er fühle sich oft fremd und »fehl am Platz«, außerdem plagen ihn agoraphobe

Ängste, dergestalt, dass er nur in Begleitung seiner Mutter einkaufen gehen oder öffentliche Verkehrsmittel benutzen kann. Biografisch ist insbesondere von Bedeutung, dass die Eltern sich getrennt hätten, als er vier Jahre alt gewesen sei, danach sei er »der Mann im Haus« mit Mutter und Schwester gewesen. Der Kontakt zu seinem Vater sei abgebrochen. Im Zusammenhang mit der Bitte, unmittelbar nach der Trennung an Elterngesprächen einer Kinderpsychotherapie von Herrn F. teilzunehmen, habe der Vater geäußert: »Was soll ich denn da, ich habe mit ihm doch nichts mehr zu tun ...«.

Bereits früh in der Behandlung kristallisiert sich die Figur heraus, in welcher die Mutter des Patienten gleichsam dessen Leben zu verwalten scheint: Sie erledigt seine Einkäufe, begleitet seine alltäglichen Wege und erweist sich sogar noch als Hüterin seiner Erinnerungen an die Kindheit, wenn er sagt, er könne sich an nichts aus seinem Leben erinnern, bevor er zwölf Jahre alt gewesen sei. In einem Angehörigengespräch recht früh in der Behandlung wirkt es, als sei die biografische Anamnese an sie übergeben, sie berichtet seine Kindheitserinnerungen.

Im Behandlungsteam entsteht eine heftige Dynamik, in welcher unterschiedliche Behandlerinnen Ärger über das Verhalten Herrn F.s in verschiedenen Behandlungssettings äußern: Insbesondere die Ergotherapeutin und eine Körperpsychotherapeutin schildern den Eindruck, Herr F. mache sich lustig über das Behandlungsangebot, er zeigt sich ungepflegt und läppisch. Es fällt äußerst schwer, sich in ihn einzufühlen oder ihm Sympathie oder Mitgefühl entgegen zu bringen. Die einzige Ausnahme, dies aber dafür in polarem Gegensatz, stellt dabei seine Bezugstherapeutin dar. Sie schildert, dass Herr F. in Einzelgesprächen »gut mitmache«, sich emotional zugänglich zeige und Gedanken zur Bedeutung seines Verhaltens und Erlebens anstelle. In Teambesprechungen realisiert sich so eine Situation, in der sich alle einig in ihrem Ärger auf den unmotivierten Patienten sind und nur seine Bezugstherapeutin ihn als einen »guten Jungen« verteidigt. Stellt man den Aspekt hinten an, dass der Patient vermutlich auch gruppentherapeutische Situationen (gestalterischer und expressiver Art) entschieden anders erlebt als einzeltherapeutische, so entsteht eine Übertragungs-Gegenübertragungs-Konstellation, in der es nur eine (weibliche) Person gibt, für die der Patient etwas zählt bzw. die sich für ihn erwärmen kann – eine ähnlich exklusive Lage wie die des Patienten zu seiner Mutter (▶ Kap. 5.7).

4 Die Fallbesprechung – Konzeption

In diesem Kapitel soll es nun darum gehen, wie den geschilderten psychodynamischen Aspekten einer stationären Behandlung mit Patientinnen, für die diese hilfreich sein soll, konzeptuell entsprochen werden kann. Das bedeutet zu erkunden, in welcher Weise die geschilderten Phänomene systematisch aufgenommen und für eine methodisch und klinikstrukturell getragene förderliche Weise für Veränderungsprozesse genutzt werden können. Zunächst wird es dabei um die Darstellung der Grundlagen und Folgerungen bezüglich der Fallbesprechung als Ort des Verstehens in der stationären (und teilstationären) Psychotherapie gehen[11]. Die Ebene der Intervention, d. h. der Weg von der Fallbesprechung zur therapeutischen Intervention in den verschiedenen Teilsettings der Klinikbehandlung wird im Kapitel 6 behandelt werden.

Dabei muss der Gedanke aufgegriffen werden, dass vor dem Hintergrund eines pluripolaren Modells der Klinikbehandlung und dem spezifischen multiprofessionellen, multimodalen Behandlungsangebot, das eine Bühne für die Formen des Objekterlebens und die Abwehrstruktu-

---

11 Einige Berührungspunkte gibt es zum Ablauf des »kollegialen Fallverstehens« in der Jugendhilfe, wie Schapper und Thiesmeier (2004, S. 123ff.) es vorschlagen. Es geht darin um ein mehrstufiges Vorgehen in einer Besprechung: 1. Fallvorstellung, 2. Rückfragen, 3. Identifikation/Fallinszenierung, 4. Mögliche Handlungsorientierungen, 5. Nächste Schritte und Interventionen, 6. Reflexion. Ich fokussiere für den psychotherapeutischen Bereich im Weiteren das, was hier unter dem Punkt 3 erwähnt wird, sowie die Reflexion aus Punkt 6. Damit soll nicht gesagt sein, dass es bei therapeutischen Teams und deren Fallbesprechung keine anvisierte Handlungsorientierung gäbe.

ren der Behandelten bereit stellt, die Fallbesprechung derjenige Ort ist, an dem das Team als »Behandlungssubjekt« versteht, worum es sich in den verschiedenen Beziehungsformen einer Behandlung dreht.

4.1 Das Team als Behandlungssubjekt

Als Ausgangspunkt bieten sich, wie im Kapitel 2 angekündigt, erneut einige der Überlegungen Mains (1957) an. Er schildert, wie sich vor dem Hintergrund »offensichtlicher Anspannung« und so wahrgenommener »Instabilität« einiger Krankenschwestern im Northfield Military Hospital, die zu »Episoden schwerer nervlicher Beanspruchung, fast Nervenzusammenbrüchen« geführt hatten, der Gedanke entwickelte, »sich zweimal in der Woche in einer Gruppe zu treffen und sich rückblickend Gedanken zu machen über Fälle, die als größere Pflegemißerfolge erkannt worden waren« (a.a.O., S. 158), d. h. über besonders schwierige und wenig erfolgreich verlaufene Behandlungen. Explizit als »Forschungsmethode« ausgewiesen, wird die Arbeit in der Gruppe von Main in folgender Weise beschreiben:

> »Anfänglich war es schwierig, über die Patienten zu sprechen ohne Zuflucht zu solch leblosen Begriffen wie Krankheit, Symptome, Psychopathologie oder zur Schilderung medizinischer oder pflegerischer Maßnahmen und Absichten zu suchen, und wir machten nur geringe Fortschritte. Wir mußten erst die Wirksamkeit des Instrumentes der Gruppendiskussion entdecken, das uns half, Klarheit in die Beziehungen zu unseren Patienten zu bringen. Nur langsam konnte die Gruppe, indem sie die entsprechenden Stichworte in der Diskussion aufgriff, ihre Aufmerksamkeit auf die eigenen Gefühle und ihr Verhalten in der Berufsausübung gegenüber diesen Patienten lenken. [... Die Gruppe] hielt an ihrer Aufgabe fest und gewann Schritt für Schritt mehr Mut, so daß überraschende Zusammenhänge zwischen alten, unbeglichenen Rechnungen untereinander aufgedeckt wurden, die bisher unbemerkt geblieben waren, die sich aber um die Pflege solcher Patienten gedreht hatten. Die Gefühle der Schwestern, Ärzte und Verwandten der Patienten im Zusammenhang mit Vorstellungen von therapeutischer Omnipotenz, Schuld, Wut, Neid, Ressentiments, unausgesprochenen Vorwürfen, Allianzen und Rache-

akten, mit Schritten aufeinander zu oder auch gegeneinander[12] hatten einerseits den Effekt, die Pflege dieser Patienten in einigen Teilen zu beleben, waren andererseits aber Hintergrund so mancher ›Pflege-Attacke‹.« (a.a.O., S. 159)[13].

Main schildert auch die Schwierigkeiten und Vorbehalte in der Einbeziehung von Ärzten in die Gruppe, denen diese Arbeitsweise besonders fremd erschien. Er setzt die Überlegungen auf die Grundlage eines Beispiels: Die Erkundung der Beruhigungsmittelgabe im Krankenhaus ergab die Einsicht, »daß – gleichgültig, welche rationale Begründung angegeben wurde – eine Krankenschwester nur dann Beruhigungsmittel gab, wenn die Grenzen ihrer Kräfte erreicht oder die nicht mehr fähig war, die Probleme des Patienten ohne Beunruhigung, Ungeduld, Schuldgefühle, Wut oder Verzweiflung ertragen zu können.« In der Folge dieser Erkenntnis konnten sich die Behandelnden »die Freiheit [erlauben], sich nicht nur ihre positiven, sondern auch ihre negativen Gefühle einzugestehen, die sie bislang durch eine pharmakologische Betriebsamkeit abgewehrt hatten:« (a.a.O., S. 155f.). In Verallgemeinerung dessen kommt Main zur Hervorhebung des Stellenwerts der Gegenübertragung einschließlich des therapeutischen Anliegens, in der Konfrontation mit einem schwer erkrankten Patienten, »sich selber zu beruhigen, wenn er verzweifelt ist, um aus der eigenen qualvollen Lage zwischen Ambivalenz und Haß zu entfliehen« (a.a.O., S. 156). Der »Medizinpsychologe« müsse weiter gehen als nur »menschliches Verhalten in bezug auf die Auswirkungen einzuordnen, die es auf einen selber hat« – er müsse auch »untersuchen, wie und warum und unter

---

12 Hier sind augenscheinlich zwei, eigentlich sogar drei Funktionen angesprochen: Das Verstehen der Patientinnen und ferner die Aufarbeitung einer Gruppendynamik auf Seitens des Teams. Der zweite dieser Punkte lässt sich zu einem dritten, allgemeineren ausweiten, nämlich der Verbesserung der Teamkompetenz. Ich werde auf das Verhältnis zwischen Patienten-Dynamik (bzw. Dynamik der Behandlungsbeziehungen) und Gruppendynamik des Teams weiter unten zurückkommen.

13 Zum einen wird an der zitierten Stelle nicht weiter aufgeführt, wie die Einbindung der »Verwandten« aussah, zum anderen ist zu ergänzen, dass mit »Pflege-Attacke« das »Quälen« und Überbeanspruchen der Krankenschwestern durch die Patientinnen gemeint ist.

welchen Umständen Patienten bestimmte Reaktionen bei anderen Menschen, sich selbst mit eingeschlossen, hervorrufen.« (a.a.O., S. 157). Es geht also darum, nicht bei der Beschreibung eines emotionalen Eindrucks (etwa »Der Patient ärgert mich«) stehen zu bleiben, sondern ihn auf seine Hintergründe zu befragen, und »[u]m unser Verständnis der unbewußten Kräfte und Provokationen in unseren Patienten zu vertiefen, benötigen wir eine bessere subjektive Wahrnehmung und mehr Kenntnis über die persönlichen Verhaltensweisen des Therapeuten« (a.a.O., S. 157). Das bildet die Grundlage der Einrichtung von Fallbesprechungen in einer Teamgruppe.

Erst dann kann, wie dargestellt worden ist, von einer Behandlung durch eine Therapiegruppe oder vom Team als »Behandlungssubjekt« (Küchenhoff, 1998, S. 51f.) gesprochen werden. Janssen (1987, S. 69) meint, es sei nur dann möglich, die »Station als ›dynamische Einheit‹ zu erhalten [...] wenn regelmäßig Teambesprechungen stattfinden«. Dabei gelte es als »Grundregel für das Team«, dass »ein kontinuierlicher, offener Austausch über die Erfahrungen in den Interaktion mit dem Patienten« stattfinde (a.a.O., S. 104). In Fallkonferenzen erfolge die »Bearbeitung der szenischen Darstellungen oder verbalen Mitteilungen des Patienten« durch die Teammitglieder und würden »die unterschiedlichen Beziehungsaspekte aus den einzelnen Feldern« zusammengeführt. Dabei arbeite das Team daran, »die ›Übertragungsgestalt‹ des Patienten zu verstehen, bisher Unverbundenes zu verbinden und therapeutische Umgangsweisen und Interpretationen zu erarbeiten« (a.a.O., S. 145). Die Besprechungen sollen kontinuierlich stattfinden und für alle Mitglieder des »jeweilige[n] Behandlungsteam[s]« verpflichtend sein. Es soll eine Atmosphäre geschaffen werden, »in der die Authentizität und Subjektivität der Mitteilungen der Therapeuten erhalten bleiben können« (a.a.O., S. 150):

»Nur über den offenen Austausch von Beobachtungen, angenehmen und unangenehmen Erfahrungen mit den Patienten, Erwartungen, Fragen, Einfällen, Träumen der Patienten und der Therapeuten, Aktionen, positiven wie negativen Gefühlen gegenüber den Patienten, eigenen Interventionen u. a., nur durch die Arbeit an den darin sichtbaren Übertragungs- und Gegenübertragungsprozessen ist ein kontinuierlicher therapeutischer Prozeß möglich.«

Eine »Diskretionsregel nach innen« könne es daher nicht geben (a.a. O., S. 150). Wichtig ist jedoch der Hinweise, die Besprechungen sollten »keine Selbsterfahrungsgruppen sein« – der Leiter (für Janssen der »psychoanalytische Berater«, d.h. jemand aus Chefärztinnen- oder Oberarztebene, der keinen direkten Kontakt zur jeweils besprochenen Patientin hat) trage die Verantwortung dafür, »daß die Interpretation [en] von Gegenübertragungsgefühlen und -aktionen patientenbezogen bleiben« (a.a.O., S. 150; Hervorh. aufgeh. TS). Auch in der Konzeption Küchenhoffs eines pluripolaren Modells (s. o.) lautet die entscheidende Folgerung, dass die Mitglieder aller Berufsgruppen »ihre speziellen Erfahrungen in den Teamprozeß ein[bringen]«, und zwar in der Fallbesprechung:

> »Gemeinsam werden also Informationen und Eindrücke ausgetauscht, zugleich aber ereignen sich innerhalb des Teams zunächst unbewußte gruppendynamische Prozesse, die durch eine Selbstreflexion des Teams aufgeklärt werden können. Das Team hat also eine doppelte Aufgabe, es ist der Brennpunkt der aus den funktional aufgeteilten Therapien kommenden Informationen, es ist aber auch der Spiegel unbewußter Prozesse, die von einzelnen Patienten oder von der Patientengruppe ausgelöst werden.« (Küchenhoff, 1998, S. 41).

Einige Aspekte erfordern also eine Fallbesprechungsstruktur, nicht nur im Hinblick auf den Informationsaustausch oder aus institutionslogischen Gründen allein, sondern in erster Linie, um der therapeutischen Aufgabe überhaupt nachkommen zu können: einen verstehenden Rahmen für Beziehungsinszenierungen zu bieten. Benannt ist jeweils auch, dass die freien Einfälle und die andernfalls leicht einer »Diskretionsregel« oder einem persönlichen oder beruflichen Schuld- oder Schamgefühl (»So darf man über Patienten nicht denken!«) verfallenden Gefühlseindrücke zur Geltung kommen können (zur freien Assoziation als Grundregel oder Modell der Arbeit in einer Fallbesprechung ▶ Kap. 5.2). Die Skizze der spezifischen Übertragungs- (und damit Gegenübertragungs-) sowie Abwehrkonstellationen hat gezeigt, dass Fragmentarisches erst noch zusammengebracht, Widersprüchliches erkannt und ausgehalten werden muss. Auch deutlich ist geworden, dass es um die Erkundung von Übertragung und Gegenübertragung und die Bedeutung einzelner Behandlungsszenen geht – nicht zuletzt ist damit darauf hingewiesen, dass das Ziel das Verstehen unbewusster Bedeutungen und Beziehungsaspekte sind. Das führt an grundlegende Fragen danach, wie Unbewusstes verstanden werden kann.

4.1 Balintgruppenarbeit und verwandte Konzepte

Eine allgemeine Erörterung des Verstehens in psychoanalytischen Behandlungskontexten kann an dieser Stelle nicht vorgenommen werden. Es ist lediglich zu beachten, dass sich spezifische Merkmale des Verstehens und Nicht-Verstehens ergeben, wenn der Gegenstand der Verstehensversuche das dynamisch Unbewusste ist. Ich habe das unter das Merkmal eines »Andersverstehens« gesetzt (vgl. dazu Storck 2012c; 2014; 2016b; 2017g,h).

Eine zweite wichtige allgemeine Linie psychoanalytischen Verstehens betrifft das sogenannte szenische Verstehen (▶ Kap. 4.4). Autoren wie Argelander (1967) oder Lorenzer (1970) haben herausgearbeitet, in welcher Weise sich die klinische psychoanalytische Erkenntnishaltung darüber bestimmt und begründet, dass in der aktuellen Szene einer Behandlung eine Aktualisierung lebensgeschichtlich bedeutsamer, konflikthafter Szenen (auf der Ebene von Erlebnissen oder Fantasien) geschieht (vgl. a. Laimböck, 2015; Reinke, 2013). Diese Aktualisierung ist es überhaupt erst, die ein Verstehen möglich macht, und zwar dahingehend, dass die »situative Struktur« herausgearbeitet wird, die verschiedenen Szenen gemeinsam unterliegt.

Das szenische Verstehen wird üblicherweise für das ambulante Behandlungssetting, also für das analytische Paar aus Analytikerin und Analysand beschrieben. Als allgemeines Merkmal psychoanalytischen Erkennens müsste es sich auch in anderen Kontexten (Lorenzer arbeitet das in erster Linie für die Kulturanalyse heraus; vgl. Lorenzer, 1986) zeigen lassen. Bevor ich dazu komme, das szenische Verstehen in einer Fallbesprechung durch ein Behandlungsteam darzustellen, muss zunächst jedoch gezeigt werden, dass und wie sich szenisches Material in einer Teamgruppe überhaupt entfaltet.

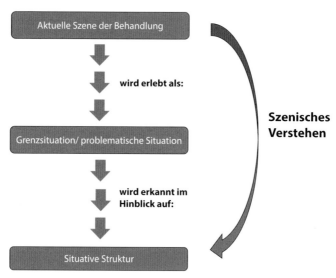

Abb. 4.1: Szenisches Verstehen und situative Struktur (vgl. Storck, 2017d)

Neben den bereits im Kapitel 2.1 skizzierten gruppenanalytischen Konzepte sind hier die Grundlagen der Balintgruppenarbeit hinzuziehen (vgl. für das Weitere Storck & Sell, 2015; Storck, 2016b, S. 355ff.). Diese sind für den vorliegenden Zusammenhang besonders relevant, da in Balintgruppen nicht ein im engeren Sinn *gruppen*therapeutisches Anliegen das Geschehen in der Gruppe strukturiert, sondern sie als Rahmung von Fallvorstellungen konzipiert werden. In der nach dem ungarischstämmigen Psychoanalytiker Michael Balint benannten Form der Gruppenarbeit (Balint, 1964; 1968a,b; vgl. Loch, 1995) findet »eine fallbezogene, kasuistische Supervision unter besonderer Berücksichtigung der Beziehung zwischen Arzt und Patient statt« (Dickhaut & Luban-Plozza, 1990, S. 306). Balint spricht von »training-cum-research«-Gruppen, die später die Bezeichnung »patientenzentrierte Selbsterfahrungsgruppe« erhalten haben. Bei den Balintgruppen handelt es sich um eine »Form von Diskussionsgruppen« aus acht bis zehn Ärzten und ein bis zwei Psychiatern (als Gruppenleiter), die sich einmal wöchentlich für ein bis zwei Stunden über einen Zeitraum von mehreren Jahren treffen (Balint, 1964, S. 12f.).

Im Fokus der Arbeit steht die Frage, wie die innere Einstellung des Arztes sich durch Einsichtnahme ins Beziehungsgeschehen verändern kann, so dass eine andere, dem Patienten zugutekommende Art zu arbeiten möglich wird, denn »[u]nter dem Einfluß seiner Erfahrungen in den Seminaren wird der Arzt ein wenig anders denken und fühlen und in der Folge auch therapeutisch anders vorgehen« (Balint, 1968a, S. 683). Explizit werden die Annahmen vor dem Hintergrund dessen entwickelt, die Wirkung der »Droge Arzt« auf Behandlungen zu berücksichtigen und zu untersuchen. Zum methodischen Rahmen heißt es:

> »Es wurden [...] keine vorbereiteten Berichte oder Manuskripte verlesen; die Ärzte wurden aufgefordert, frei über ihre Erfahrungen mit ihren Patienten zu berichten. [...] Am Anfang war es unsere Absicht, daß mit dem Fallbericht jeweils auch ein möglichst umfassender Bericht über die eigenen affektiven Reaktionen des Arztes auf den betreffenden Patienten oder sogar sein affektives Mitbeteiligtsein an dessen Problemen gegeben wurde. Eine freimütige Darstellung dieses affektiven Aspektes der Arzt-Patienten-Beziehung kann nur erzielt werden, wenn die Diskussionsatmosphäre es dem Arzt ermöglicht, spontan zu sprechen.« (Balint, 1964, S. 15).

Die Gruppe ist im Ursprung dazu gedacht gewesen, dass allgemeinärztlich tätige Behandlerinnen »schwierige« Behandlungen in einer Gruppe von Kollegen vorstellten, um auf diese Weise diejenige Aspekte der eigenen Arbeit besser in den Blick nehmen zu können, die mit unbewussten Elementen der Beziehung zu tun haben. Das »eigentliche Arbeitsmaterial« in der traditionellen Balintarbeit ist daher »der freie Bericht, das subjektive Erleben und Empfinden sowie die Phantasiearbeit der Teilnehmer« (Dickhaut & Luban-Plozza 1990, S. 304). Die Analytikerin berichtet aus der Behandlung und der Rest der Gruppe diskutiert – den Regeln von freier Assoziation und gleichschwebender Aufmerksamkeit folgend (▶ Kap. 5.2) –, wie die therapeutische Beziehung jenseits dessen, was explizit gesagt wird, gestaltet sein könnte.

Die methodische Aufgabe der Gruppenmitglieder ist es, sich über die eigenen spontanen Einfälle und affektiven Reaktionen angesichts der Fallvorstellung der unbewussten Aspekte der Beziehungsgestaltung anzunähern.

Der methodologische Grundgedanke der Arbeit in der Balintgruppe besteht darin, dass die Vorstellung eines Falles durch den Analytiker etwas in die Gruppe der Zuhörenden ›entwirft‹, d. h. Facetten der Behandlungsbeziehung erlebbar macht. Damit ist gemeint, dass beispielsweise einer der Zuhörenden die aggressiven Aspekte der Beziehung stärker wahrnimmt, ein anderer nichts zu verstehen meint, ein Dritter die Verzweiflung spürt, u. v. m.. Loch (v. a. 1972, S. 281) konzipiert dies als einen »Prisma-Effekt«: »Wie der Lichtstrahl durch ein Prisma in seine Farben aufgelöst wird, so wird durch die Kommentare der Gruppenteilnehmer die Arzt-Patient-Beziehung in ihre motivische Struktur zerlegt«. Andernorts benennt er expliziter, dass es um eine Zerlegung in »mögliche unbewußte Determinanten« gehe (Loch, 1969, S. 146; Hervorh. TS). Es externalisieren sich »›innerseelischen Strukturen‹ in den freien Assoziationen der Gruppenmitglieder« (a.a. O., S. 147; vgl. zur Anbindung an die psychoanalytische Grundregel auch Kutter, 1990, S. 292, oder Dickhaut & Luban-Plozza, 1990, S. 315).

In der Balintgruppenarbeit ist es wichtig, »auch auf das zu achten, was ihnen [den Ärzten; TS] am Anfang als relativ unwichtig oder gar als nebensächlich in bezug auf die Probleme des Kranken sowie in ihrer Beziehung zu ihnen erscheint« (Dickhaut & Luban-Plozza, 1990, S. 313). Es ist also damit gesagt, dass sich unbewusste Aspekte der Behandlung in der Gruppe zeigen bzw. sich Gehör verschaffen können, also dasjenige, das der Behandelnde zwar erlebt hat, aber nicht formulieren kann. Knoepfel (1980, S. 8) formuliert dies sehr prägnant: »Wenn der Arzt den Patienten versteht, schildert er ihn, wenn er ihn aber nicht mehr versteht, fängt er an, den Patienten zu spielen«. Das Ziel der Balintgruppenarbeit kann also mit Loch (1995, S. 76) formuliert werden als der Versuch, »die Struktur der Arzt-Patient-Beziehung und damit die pathogene Reaktionsform oder Disposition, die also in einem bestimmten interpersonalen Verhaltens- oder Umgangsmuster besteht, zu diagnostizieren, und zwar trotz des Ins-Spiel-Tretens emotionaler Verwicklungen oder viel richtiger gesagt, gerade und mit Hilfe des Ins-Spiel-Tretens dieser emotionalen Dynamik«.

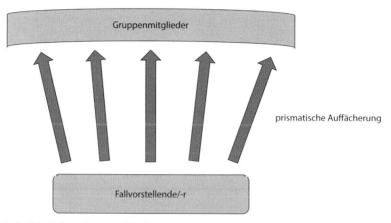

Abb. 4.2: Prismatische Auffächerung von Aspekten der Behandlungsbeziehung in einer Balintgruppe

Die Balintgruppenarbeit liefert in diesem Sinn die Vorlage für Konzeptionen von Intervisionsgruppen und psychoanalytischen Forschungsgruppen. Unter letztgenannten wären die Struktur von Interpretationsgruppen in der sogenannten tiefenhermeneutischen Kulturanalyse bzw. Tiefenhermeneutik (Lorenzer, 1986) oder die ethnopsychoanalytische Deutungswerkstatt (Nadig, 2008; Krueger, 2008) zu nennen. Hinsichtlich der fallbezogenen Arbeit von Interventionsgruppen tritt in jüngster Zeit besonders der Ansatz der »weaving-thoughts«-Methode heraus (Norman & Salomonsson, 2005; Salomonsson, 2012). Die Autoren machen am Beispiel der Intervisionsgruppe für kinderanalytische Behandlungen explizit, was bei Balint oft nur implizit vorausgesetzt wird: Die konsequente methodische und theoretische Anbindung ans Konzept der freien Assoziation in der psychoanalytischen Falldiskussion in Gruppen (vgl. a. Isaakson 2009, Staehle 2012).

Als Grundlagen einer solchen Gruppenarbeit kristallisieren sich heraus:

81

- Eine Gruppengröße von bis zu zehn Personen erscheint ideal.
- Es gibt eine Person, die einen eigenen Behandlungsfall vorstellt und
- eine Person, die eine Moderationsfunktion übernimmt.
- Ein fester zeitlicher Rahmen sollte vereinbart werden.
- Die Gruppenteilnehmenden beantworten die Fallvorstellung mit ihren freien Einfällen dazu.

Diese verschiedenen Elemente der Rahmung der Gruppe beantworten allerdings noch nicht die Frage danach, wie sich Material aus einer Behandlung überhaupt in einer Gruppe von Personen entfaltet, die die Patientin, um die es gehen soll, noch nicht einmal kennen müssen. Wie kann etwas über einen Patienten »herausgefunden« werden, ohne dass dieser anwesend ist?

Es liegt eine Reihe von Versuchen vor, das Geschehen in Balintgruppen über Begriffe wie Prisma (Loch, 1969; Drees, 2002), Identifizierung oder Resonanz (Argelander, 1972) theoretisch zu fassen (vgl. für einen Überblick z. B. Rosin, 1989, S. 142ff.). Loch (1972, S. 281) meint beispielsweise, dass es durch das Einnehmen einer »Gegenübertragungsrolle« seitens der Teilnehmenden der Balintgruppe, durch Prozesse von Identifizierung und Reaktionsbildung, »über einen ›psychischen Resonanzeffekt‹ zur Spiegelung der psychodynamischen Verhältnisse des Kranken innerhalb der Gruppe« komme. Dantlgraber (1977) spricht von einer Gegenübertragung zweiter Ordnung. Das im Weiteren von uns verwendete Konzept der Spiegelungsphänomene wurde u. a. von Heigl-Evers und Hering (1970) eingeführt und von Kutter (1990) weiterentwickelt.

4.3 Spiegelungsphänomene und Parallelprozess

Zum einen ist dabei die Figur des Prima-Effekts, wie Loch ihn beschreibt, zu beachten, d. h. die Zerlegung der Behandlungsbeziehung in deren »motivische Struktur« angesichts verschiedener Einfälle der Gruppenteilnehmenden. Zum anderen können hier einige Aspekte der (psychoanalytischen) Supervisionsforschung herangezogen werden (vgl. Storck, 2016b, S. 358ff.; Storck & Sell, 2015).

Kutter (1990, S. 294f.) bezeichnet als direktes Spiegelphänomen »die Spiegelung der unbewussten Psychodynamik des zu untersuchenden Gegenstandes im Untersucher«. Im Fall der Balintgruppe ist hiermit die Beobachtung gemeint, dass sich etwas von der Beziehung zwischen Behandlerin und Patient in der Balintgruppe – genauer: in der Beziehung zwischen Balintgruppe und fallvorstellendem Behandlerin – zeigt. Dieses Phänomen ist aus der Supervisionsliteratur bekannt: Insbesondere das in der Behandlung unverstanden Gebliebene formt die Beziehung zwischen Supervisand und Supervisorin. Um dieses Phänomen nachzuvollziehen, muss angenommen werden, dass der vorstellende Behandler eben nicht nur ›den Fall‹ vorstellt, sondern vielmehr sein In-Beziehung-Stehen zur Patientin, selbst noch dann, wenn die Biografie o. ä. berichtet wird. In der Balintgruppenarbeit wird erlebbar gemacht, wie es sich anfühlt, mit dem Patienten in einer Beziehung zu stehen. Was in der Behandlungsbeziehung unbewusst enthalten ist – etwas, das nicht gesagt und benannt, aber auch nicht weggelassen werden kann und seinen Ausdruck im Handeln, in der Art zu sprechen, in der Prosodie, in der Körperhaltung, etc. findet –, bleibt zunächst auch im Bericht der Behandlerin über die Beziehung latent. Diese/-r kann also selbst bestimmte Aspekte der Behandlungsbeziehung zunächst nicht benennen, sondern wird sie agieren. Dadurch färbt der Behandler die Beziehung zur Balintgruppe analog zu der zwischen sich und der Patientin.

Wie Kutter über die Situation in der Supervision schreibt, ist die Rollenverteilung dabei häufig tatsächlich gespiegelt: »Meist erweist sich hierbei der Supervisand als mit dem Patienten identifiziert, während der Supervisor in die Rolle des Supervisanden, bzw. des in der therapeutischen Situation arbeitenden Analytikers gerät« (Kutter, 1990, S. 293). Für ihn ist der Supervisand daher »in der Supervisionssituation genau in derselben Situation, in der sich der Patient in der Behandlungssituation befindet« (a.a.O., S. 295). In der Nachfolge von Ekstein und Wallerstein (1972) konzipieren McNeill und Worten

(1989) ein derartiges Geschehen als »Parallelprozess«: Die Beziehung zwischen Patientin und Behandler spiegelt sich in der Beziehung zwischen Behandlerin und Gruppe wider, z. B. eine Sorge, übermäßig kritisiert zu werden bzw. in Folge der eigenen Offenheit ungeschützt zu werden. Lorenzer (1974, S. 165ff.) differenziert bezogen auf dieses Phänomen zwischen dem »hermeneutischen Feld I« der analytischen Situation und dem »hermeneutischen Feld II« der Situation in einer psychoanalytischen Gemeinschaft (Supervision, Intervision, Forschung).

Diese Konzeptionen von direkter Spiegelung, Parallelprozess oder einander entsprechender hermeneutischer Felder treffen auch für die Fallvorstellung in der Balintgruppe zu. Ein hinzutretender und für diese Art von Arbeit charakteristischer Aspekt (gegenüber der Supervision) ist die durch die Anordnung gegebene Auffächerung der Beziehungsaspekte auf die verschiedenen Mitglieder der Balintgruppe, die wiederum gerade einer Spaltungs- oder Fragmentierungsdynamik entgegenkommen und diese sichtbar machen kann, wie ich sie in Kapitel 3.4 beschrieben habe. Zwar bietet sich die Gruppe dafür an, dass der Fallvorstellende in seiner Beziehung zu ihr die Beziehung zur Patientin einbringt und eine Unterstützung dabei erfährt, auch bisher nicht erkannte Elemente *gespiegelt* zu bekommen, die Gruppe funktioniert aber in besonderer Weise als ein Beziehungsgegenüber: nämlich dahingehend, dass sich verschiedene Facetten der Behandlungsbeziehung auf einzelne Gruppenmitglieder verteilen. Erst die Gruppe als ganze kann in einer Art von Syntheseleistung, die sich an die prismatische Auffächerung anschließt, ein Bild der Behandlungsbeziehung entwickeln. Dieses Bild ist es, was meist als »Gruppenfantasie« bezeichnet wird (z. B. bei Mattke, 2004, S. 136f.) und sich konzeptuell direkt an die Überlegungen zur Matrix bei Foulkes anschließen lässt (▶ Kap. 2.1).

Nun ist zugleich zu berücksichtigen, dass die Aktualisierung konflikthafter, bislang unverstandener Beziehungsaspekte nicht nur gleichsam »von außen« bzw. von Patientenseite auf eine Gruppe wirken, sondern diese auch eine eigene, womöglich unbewusste Dynamik zeitigt und diese den Blick auf den vorgestellten Fall einfärbt. Das Verhältnis zwischen Falldynamik und Eigendynamik des Teams (oder in Bions Konzeptionen: die Frage, ob das Team als Arbeitsgruppe oder als Grundannahmengruppe fungiert) führt in Probleme der Validierung der Gültigkeit dessen, was in einer Balintgruppe fallbezogen erarbeitet wurde. Zwar hatte Balint seine Gruppenform als »patientenzentrierte Selbsterfahrung« bezeichnet, jedoch ist die Gefahr des Schwindens der Patientenzentriertheit darin, mithin unerkannt, nicht gerade gering. Immerhin benennt Thomä (1981, S. 56) für die Balintgruppenarbeit einen entscheidenden Punkt, wenn er formuliert: »Bedenkt man den weiten Weg, den latente unbewußte Gedanken des Patienten zurückgelegt haben, bis sie Gruppenphantasien auslösen, wird man an der Verläßlichkeit dieser Reziprozität der Gruppengefühle einigen Zweifel haben dürfen.«

Argelander (1972) hat in diesem Zusammenhang die Frage der »Wahrnehmungseinstellung« thematisiert und im Hinblick auf die Frage nach einer Verdopplung des Themas zwischen Arzt Patient Beziehung und Gruppengeschehen formuliert:

»Die Mobilisierung eigener unbewußter Prozesse gilt als Voraussetzung, um fremde unbewußte Vorgänge zu verstehen. Während der Gruppenarbeit drängt sich allerdings oft die Frage auf, in wessen Dienst die Mobilisierung dieser Prozesse steht. Will die Gruppe nur ihre eigenen Probleme lösen, dann verfalscht sie unter Umstanden die Zusammenhange des Arbeitsgegenstandes für ihre eigenen Zwecke. Ist sie dagegen in der Lage, über eine Identifizierung mit dem Arbeitsgegenstand ein vertieftes Verständnis für die unbewußten Sinnzusammenhänge zu gewinnen, dann stellt die Gruppe ihre eigene unbewußte ›Persönlichkeit‹ in den Dienst der Sache« (a.a.O., S. 119).

Es ist in jedem Fall das einzubeziehen, was bei Kutter (1990) als *indirektes* oder *umgekehrtes* Spiegelphänomen auftaucht, nämlich die Einfärbung des Blicks auf den vorgestellten Fall durch die Dynamik der fallverstehenden Gruppe. Der Hinweis Argelanders auf die »Wahrnehmungseinstellung« ist zentral: Weder kann angenommen werden, eine Gruppe diskutierte einen Fall, *ohne* dass ihre eigene, personen- und gruppendynamische Eigenart eine Folie darstellt, auf der sich das Fallverstehen entwickelt, noch ist real der Fall denkbar, dass sich eine Teamdynamik *unabhängig* vom konkreten Fall einer Behandlung zeigt, sie heftet sich vielmehr wie an einen Tagesrest daran an. Es kann also angenommen werden, dass beides sich ineinander abbildet bzw. einander sogar sichtbar macht: Zur Reflexion seiner eigenen Dynamik braucht das Team die Fallarbeit und zu deren Verständnis nutzt es seine eigene Dynamik, insofern diese reflektiert wird. »Wahrnehmungseinstellung« bedeutet also, dass es vor dem Hintergrund einer ausreichenden persönlichen Kompetenz der Selbst- und Gruppenreflexion der Gruppenteilnehmenden darum geht, in methodischer Absicht entweder die Eigendynamik eines Teams zu reflektieren oder das Geschehen in einer Gruppe darauf hin zu befragen, was sich darin aus einer Behandlungsdynamik hinein entfaltet. Was das genau heißt, wird im folgenden Kapitel genauer erkundet werden.

Zusammenfassend gesagt ermöglicht das Phänomen der (direkten) Spiegelung der Behandlungsbeziehung in der Beziehung der Behandlerin zur Balintgruppe demnach ein erneutes, aber erweitertes Erleben der Behandlungsbeziehung. Kutter geht so weit zu sagen, dass es sich dabei um eine notwendige Bedingung guter Supervision handelt: »[O]hne Spiegelung der entscheidenden affektiven Beziehung in der Supervisionsstunde keine erfolgreiche Supervision« (1990, S. 294). In einer Supervision wie auch in der Arbeit einer Balintgruppe setzt sich also jemand, Supervisor oder Gruppenteilnehmende, *in Beziehung zu einer Beziehung*: Supervisorin oder Gruppe treten in Kontakt zum beziehungshaften Material der Behandlung, wie es sich ihnen vermittels der Vorstellung des Behandelnden präsentiert. Nur wenn die Behandlungsbeziehung lebendig werden kann, lässt sich begründen, warum – trotz der konkreten Abwesenheit der Patientin – die freien Einfälle zu einer Fallvorstellung überhaupt etwas mit der Psychodynamik der Behandlung zu tun haben. Daher kann aus methodischer und methodologischer Perspektive über die Balintgruppe gesagt werden, dass in ihr mittels der (angepasster) Grundregeln der freien Assoziation und der gleichschwebenden Aufmerksamkeit (▶ Kap. 5.2) nicht nur über ›objektive‹ Informationen gesprochen wird, sondern sich die lebendige Behandlungsbeziehung samt ihrer unbewussten Aspekte selbst in der Gruppe spiegelt (vgl. für die Teamsupervision auch z. B. Pollack, 1995).

4.4 Szenisches Verstehen von Teamkrisen

In den vorangegangenen Abschnitten habe ich begründet, weshalb über die Arbeit eines Teams in einer Fallbesprechung grundsätzlich eine Möglichkeit des Zugangs zu unbewussten Aspekten von Beziehungen (und letztlich der psychischen Welt von Patienten) besteht. Wiederholt habe ich darauf hingewiesen, dass dann die Fallbesprechung der »Ort des Verstehens« werden kann und muss. Die Darstellung der Arbeit in einer Balintgruppe hat dabei die Folie dafür geliefert, über die Rahmenbedingungen und die erkenntnislogische Begründung dessen nachzudenken, dass in Fallbesprechungen etwas von (abwesenden) Patientinnen verstanden wird. Im nächsten Schritt sind allgemeine Überlegungen zum psychoanalytischen Verstehen auf die Arbeit einer Teamgruppe zu zentrieren.

Dazu ist zunächst ein weiterer Aspekt des klinischen psychoanalytischen Verstehens hinzuziehen, der oben mit dem Hinweis auf »objektive« Daten und das darüber Hinausgehende bereits thematisch geworden ist. Argelander (1967) unterscheidet in seiner klinischen Konzeption des psychoanalytischen Verstehens drei Arten von »Daten«, die ein Patient im Erstgespräch vermittelt:

- Objektive Daten (= »Was wird gesagt?«)
- Subjektive Daten (= »Wie wird etwas gesagt?«) und
- Szenische Daten (= »In welcher Art von Beziehung wird etwas gesagt?«).

Während zu den objektiven Daten beispielsweise gehört, dass ein Patient berichtet, er habe drei Geschwister (was als objektiv *genommen* werden muss, überprüft wird es ja in der Regel nicht durch die Behandlerin), gilt es als ein Teil der subjektiven Daten, wenn ein Patient z. B. schildert, wie er sich seinen Geschwistern gegenüber gefühlt hat. Schließlich ist mit dem Hinweis auf szenische Daten gemeint, wenn im Gespräch etwa eine Atmosphäre entsteht, in welcher sich die Untersucherin in eine wetteifernde, an Geschwisterrivalität erinnernde Position gebracht fühlt.

Oben habe ich bereits dargestellt, dass das Vorhandensein szenischer Daten die Grundlage dafür bietet, psychoanalytisch etwas verstehen zu können, dass den Patienten umtreibt, ohne dass er es verbalisieren kann – etwas, das womöglich aus der Kindheit stammt, konflikthaft oder abgewehrt ist. Er vermittelt es szenisch, in der aktuellen Szene der Behandlungsbeziehung, und im szenischen Verstehen wird diese aktuelle Szene auf ihre situative Struktur hin befragt und so wird ein Zugang zu unbewussten Bedeutungen oder Erlebnisaspekten möglich. Dazu bedarf es einer von Argelander so genannten »Grenzsituation«, in der sich subjektive, objektive und szenische Daten verdichten und in der vor dem Hintergrund empathischer Probe-Identifizierungen (konkordanter oder komplementärer Art; vgl. Racker, 1970) eine Probedeutung gegeben werden kann.

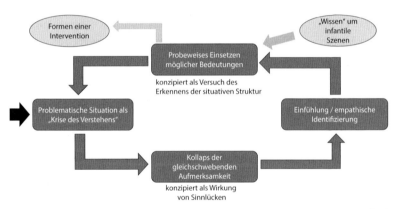

Abb. 4.3: Szenisches Verstehen im Prozess der ambulanten Behandlung (vgl. Storck, 2017d)

Etwas zur Grenzsituation, wie Argelander sie beschreibt, Vergleichbares wird von Zwiebel (2013, S. 69) über den Kontext des Erstgesprächs hinaus als »problematische Situation« beschrieben. Das liefert einen Ausgangspunkt für die Erörterung der spezifischen Situation für das Verstehen eines Teams. Verschiedentlich, so zum Beispiel bei Janssen (1987, S. 200), ist darauf hingewiesen worden, dass es die »Teamkrisen« sind, die einen Ausgangspunkt für das Verstehen einer Behandlung liefern. Ich gehe im Weiteren davon aus, dass es *szenische Teamkrisen* sind, die sich in verschiedenen Intensitäten äußern, aber immer als krisenhaft zu bezeichnen und Ausdruck einer Verdichtung des Materials im Verlauf der Fallbesprechung sind. In diesem Sinn spreche ich von Teamszenen/Teamkrisen[14].

Auch für die Fallbesprechung als Ort des Verstehens kann zunächst einmal davon ausgegangen werden, dass sich dort objektive, subjektive und szenische Daten vermitteln. Nicht nur bei einer Darstellung einer Patientin zum Zeitpunkt der Aufnahme, sondern auch in jeder anderen Schilderung über Aspekte der Behandlung durch ein Teammitglied werden objektive Daten über die Behandlung vermittelt, z.B. versäumte Termine, konsiliarische Befunde, biografische Informationen. Ebenso zeigen sich subjektive Daten, hier zu begreifen als die affektiven, aber der Reflexion und Verbalisierung zugänglichen Eindrücke eines Behandlers, z.B. Ärger auf eine Patientin, Mitgefühl für einen anderen oder der Eindruck eines schwer herstellbaren Kontakts. Auch in diesem Kontext stellen sich allerdings die szenischen Daten als am bedeutsamsten heraus, denn sie sind es, zu deren Erkundung die Fallbesprechung durch das Team allererst das geeignete Erkenntnisinstrument ist. Die szenischen Daten und deren Verstehen durch das Team sind es, was aus der Balintgruppenarbeit transferiert werden kann: Als »Teamszenen« aktualisiert sich aus der prismatischen Auffächerung einzelner Beziehungsaspekte etwas aus der Behandlungsbeziehung des oder der Vorstellenden. Aber die im Team mögliche Arbeit geht darüber noch insofern hinaus, als die übrigen Teammitglieder in der Mehrheit eigene Beziehungserfahrungen mit dem Patienten hat, über den gesprochen wird. Die Fallbesprechung löst sich also in aller Regel recht bald davon, bloß Vorstellung einer Behandlung durch eine Behandlerin zu sein, son-

---

14 Eine vergleichbare Ebene wäre, das Teamverstehen im Hinblick auf Metaphernbildungen der Teammitglieder zu beschreiben und zu untersuchen, wie Buchholz und von Kleist (1997) es für Beschreibungen und Erwartungen von »Kontakt« in stationären Behandlungen tun. Das Herausarbeiten dessen, welche »konzeptuellen Metaphern« (d.h. übergeordnete Formen, die verschiedene andere sprachliche Bilder zusammenfassen, z.B. »Therapie ist eine Reise«) ein Team als Verstehensidee für einzelne Behandlungen findet, wäre hier ein sinnvoller Anknüpfungspunkt.

dern verschiedene Behandelnde in ihren jeweiligen Behandlungssettings geben Eindrücke wider.

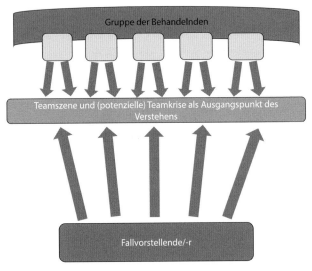

Abb. 4.4: Die Bildung von Teamszenen und potenziellen Teamkrisen

Es ergibt sich also gegenüber der Situation in einer klassischen Balintgruppe ein in zweierlei Weise komplizierteres Geschehen: Zum einen geschieht zwar von Seiten eines Fallvorstellenden (z. B. fallführende Therapeutin nach dem Aufnahmegespräch) eine prismatische Auffächerung der Beziehungsaspekte unter Einbezug des noch Unverstandenen. Doch zum einen kennen die Gruppenmitglieder i. d. R. und das erst recht im Verlauf einer Behandlung den betreffenden Patienten selbst aus eigenen Beziehungserfahrungen im Rahmen der Behandlung und deren Settings. Und zum anderen beantworten sie die Fallvorstellung bzw. die Bemerkungen eines jeweiligen Teammitglieds zum Fall nicht schlicht mit ihren freien Einfällen zum Gehörten, sondern mit Bemerkungen zum Erleben der Patientin im eigenen Behandlungssetting. Konsequent gesprochen begegnen dabei die prismatischen Auffächerungen des Beziehungserlebens des Fallvorstellenden

den ihrerseits prismatischen Auffächerungen der verschiedenen Weisen des Beziehungserlebens der übrigen Teammitglieder. Dies macht die Lage nicht nur komplizierter, sondern trägt auch zu einer Verdichtung bei, in welcher die so entstehenden Teamszenen, d. h. die szenische Entfaltung verschiedener Aspekte der Beziehungsgestaltung einer jeweiligen Patientin. Das Team bildet so etwas ab – und angesichts der verschiedenen Zugänge zum Patienten ist es wohl eher die Regel als die Ausnahme, dass das Team solcherart in eine Krisenerfahrung gebracht wird, die gleichwohl Bedingung eines Andersverstehens ist, d. h. eines anderen Verstehens als des Bisherigen, eines also, das unbewusste und konflikthafte Dimensionen beachtet. Vor dem Hintergrund der in den Kapiteln 3.2 und 3.3 ausgeführten Überlegungen zu Objekterleben und Abwehrstruktur bildet eine solche Vielfachauffächerung von Beziehungserfahrung die Struktur der psychischen Welt vieler stationär behandelter Patientinnen ab und hilft, neben dem Verstehen auch zu einer Integration zu gelangen (für den Weg in die Intervention ▶ Kap. 6).

Abbildung 4.4 ist also derart zu verstehen, dass in einer Fallbesprechung die Trennung zwischen Fallvorstellendem und Gruppe der Behandelnden dynamisch ist: Je nachdem, wer spricht, werden die Positionen gewechselt. Die Auffächerungen der jeweils individuellen Beziehungserfahrung mit einer Patientin kulminieren in einer Teamszene bzw. kollidieren sie in einer Teamkrise.

Die Teamkrise markiert dabei den potenziellen Wendepunkt im Verstehen. Ähnlich wie im ambulanten Bereich, wo es das Kollabieren der gleichschwebenden Aufmerksamkeit in einer Grenz- oder problematischen Situation ist, was die Probeidentifizierungen in Gang setzt, die vor dem Hintergrund eines sowohl einfühlend-zugewandten Verstehens als auch eines Wissens um biografische Aspekte eines Patienten Probeinterventionen möglich macht, so sind auch die Teamkrisen antreibende Kraft eines Reflexionsprozesses. Der Spannungszustand, der sich aus den zusammengetragenen »Daten« auf den drei genannten Ebenen (objektiv, subjektiv, szenisch) ergibt, formt eine bestimmte situativ besondere Teamkonstellation, die der Reflexion zugänglich ist.

Ich gebe einige Beispiele für solche Teamszenen/Teamkrisen:

- Die Mitglieder eines Behandlungsteams beginnen sich, »um« eine Patientin zu streiten, oder sie geraten sich über die Einschätzung eines Patienten in die Haare.
- Es entsteht der Eindruck einer Überflutung mit Informationen oder affektiven Eindrücken.
- Eine Unruhe einzelner Teammitglieder äußert sich in einem Verlassen der Fallbesprechung (auch angesichts dringender anderer Aufgaben).

Zu beachten ist ferner, dass Teamkrisen sich nicht allein als eine »Plus-Symptomatik« des Teams, also im Hinzukommen eines affektiven Geschehens äußern können, sondern auch in einer »Minus-Symptomatik«, im Versiegen oder Fehlen von etwas, z. B.:

- Die Einfälle zu einer Behandlung kommen rasch zum Versiegen und es herrscht Schweigen.
- Statt über eine Behandlung zu sprechen, drängenden andere Themen oder Behandlungen in den Vordergrund.

Der entscheidende Punkt beim (szenischen) Verstehen dieser szenischen Teamkrisen ist, sie als Szenen, die sich aus dem Material aus den Behandlungsbeziehungen ergeben, zu *erkennen*. Dann ist der Weg offen für die Reflexion und dies angesichts der von Argelander beschriebenen »Wahrnehmungseinstellung« auf die Behandlungsdynamik, für die sich das Team als Schirm zur Verfügung stellt.

Bisher hat die Darstellung so ausgesehen, dass die Dynamik einer Fallbesprechung in dieser selbst, unter Zuhilfenahme der Reflexion von Teamszenen/Teamkrisen verstanden werden kann. Das ist möglich, bildet aber so etwas wie den Idealfall – es sind zudem viele Fälle denkbar, in denen sich die Bedeutung des Geschehens in einer Fallbesprechung sich erst später bzw. im psychoanalytischen Sinn: nachträglich erkennen lässt, d. h. dass spätere Szenen erst das Verstehen einer Teamdynamik möglich machen.

Eine weitere Besonderheit und Schwierigkeit des Teamverstehens liegt darin, dass es eine Verkürzung bedeutet anzunehmen, dass allein der jeweils vorgestellte oder diskutierte Behandlungsfall die Dynamik des Teams in der Fallbesprechung strukturierte. Ebenso wenig wie die Teameigendynamik außen vor gelassen oder als in Gänze verstanden angenommen werden kann, darf übersehen werden, dass es Interaktionseffekte zwischen der Gruppe der Behandelnden und der Gruppe der Behandelten gibt, zwischen denen sich wechselseitige Spiegelungsprozesse ereignen. Damit ist nicht gemeint, dass sich einzig konkordante Entsprechungen ergäben (in denen etwa ein verunsichertes Behandlungsteam es mit einer verunsicherten Patientinnengruppe zu tun kriegte), sondern dass sich teils äußerst subtil vermittelte Wirkungen ergeben, etwa dergestalt, dass sich eine Patientengruppe unbewusste gerade möglichst »folgsam« oder unkompliziert zeigt, wenn starke teaminterne Spannungen spürbar sind.

Offen bleibt soweit – neben dem Schritt in die Intervention bzw. Behandlungsplanung – ein Validierungs oder Evidenzkriterium des szenischen Verstehens eines Teams. Um dies zu klären, muss auf die Frage nach dem Verhältnis zwischen Behandlungsdynamik und Eigendynamik eines Teams zurückgekommen werden.

4.5   Zur Validität des Teamverstehens

Ich habe bereits erwähnt, dass in einer Fallbesprechung durch ein Team notwendigerweise Phänomene der Psychodynamik der Behandlungsbeziehungen und darin vermittelt der Psychodynamik einer Patientin mit der Eigendynamik des Teams zusammenkommen. Das bringt die Möglichkeit, die eine im Licht der anderen zu verstehen, aber auch eine große Herausforderung mit sich. Erneut können vertiefende Gedanken dazu den Ausgangspunkt bei Mains (1957) Überlegungen nehmen. Darin bezieht er sich auf die Arbeiten von Stanton und Schwarz (1954) zu Spaltungsphänomenen, dazu also, »daß einige Patienten, die unübliche und nicht allgemein akzeptierte Bedürfnisse haben, das therapeutische Team spalten können. Wenn nun diese Spaltungen verborgen und unaufgelöst bleiben, gerät der Patient in größte

Spannungen, die ihn förmlich zerreißen können.«Diese Spannungen, eben als Teamkrisen bezeichnet, können sich »in geradezu dramatischer Weise lösen [...], wenn das zerstrittene Team seine Konflikte aufdecken und diskutieren kann und zu einem echten Konsensus findet, wie der Patient in der jeweiligen Problemsituation zu behandeln ist.« (a.a.O., S. 172). In Erweiterung der Befunde von Stanton und Schwarz weist Main nun darauf hin, dass diese Phänomene »einer Linie folg[en], die von Gefühlen und wechselseitigen Verbindlichkeiten bestimmt ist, die längst, bevor der Patient ins Krankenhaus kam, bestanden hatten. [...] Mit anderen Worten, irgendetwas an diesen Patienten weitete und vertiefte die Spaltungen im Team, die sonst erträglich und mehr oder weniger unbemerkt geblieben wären.« (a.a.O., S. 173). Damit ist also gesagt, dass eine Eigendynamik des Teams etwas dafür bereitstellt, dass Behandlungsdynamiken sich daran heften und das eine das andere sichtbar macht. Dabei muss man die Annahme fallen lassen, es könnte möglich sein, im Einzelfall zu klären, ob eine Teameigendynamik oder die Dynamik einer einzelnen Behandlungsbeziehung für bestimmte Gruppenphänomene verantwortlich ist. Das würde ja gerade die Möglichkeiten, das eine durch das andere zu verstehen, zum Erliegen bringen.

Main gibt ein prägnantes Beispiel:

> »Eine Schwester berichtete in der Forschungsgruppe, daß es da etwas gab über eine Patientin, das nur sie allein wußte. Die Patientin hatte ihr etwas ganz im Vertrauen mitgeteilt, so daß sie sich geehrt fühlte, weil sie ihr mehr Vertrauen entgegenbrachte als den anderen Schwestern. Sie hatte das Geheimnis wahren wollen und mit den anderen nicht darüber gesprochen – die Patientin hatte einen kriminellen Abort durchführen lassen. Die Gruppe hörte der Schwester still zu, und dann kam eine nach der anderen damit heraus, daß auch sie davon gewußt hätte und ihr im Vertrauen darüber berichtet worden sei, sie sich auch geehrt gefühlt und ebenso gemeint hätte, die anderen wären zu sittenstreng, um davon wissen zu sollen:« (a.a.O., S. 173).

Es wird deutlich, wie hier eine Dynamik der Behandlungsbeziehungen im Gange ist: Die Patientin schafft (vermeintlich) eine Mitwisserin oder Vertraute – und dies in allen Behandlungsbeziehungen. Die einzelnen Behandlerinnen zeigen sich dafür aufnahmebereit und machen es, in einem Enactment (▶ Kap. 2.4), zunächst mit. Die

Behandlungsdynamik fällt also auf eine bestimmte persönliche Bereitschaft, die zum einen behandlungstechnisch mit der Rollenübernahmefunktion zu tun hat, zum anderen mit dem persönlichen Narzissmus, für die Patientin jemand Besonderes zu sein. Und auch auf der Ebene des Teams kann eine Bereitschaft zur Aufnahme angenommen werden, die nicht nur damit zu tun hat, eine Bühne für Inszenierungen bereitzustellen, sondern womöglich auch einem teaminternen Wettbewerb darum, wer es am besten macht oder am einfühlsamsten oder vertrauenswürdigsten ist. Einmal mehr: Nur die Fallbesprechung kann aufklären, was geschieht, und zu einem Verstehen führen, warum es geschieht (hinzu kommt die Supervision als *Team*-Supervision, ▶ Kap. 4.6).

Für wie valide kann es nun gehalten werden, das punktuelle Zerstrittensein eines Teams auf die Spaltungsprozesse und die unintegrierte psychische Struktur eines Patienten zurückzuführen?

Hier muss ein Bogen zu einer Skizze der Validierung psychoanalytischen Verstehens überhaupt gezogen werden. Die psychoanalytische Erkenntnishaltung gründet sich auf die klinische Situation. Ihr Gegenstand ist das dynamisch Unbewusste und das führt in große Schwierigkeiten hinsichtlich der Methodologie, soll doch etwas »verstanden« werden, dass sich dem Erleben und Verstehen (dynamisch) entzieht, weil es Gründe gibt, die gegen eine Bewusstwerdung sprechen. »Unbewusst« ist dabei ein Moment der Verzerrung, Auslassung oder Überladenheit des Bewussten, es ist dessen Anderes bzw. etwas Anderes an diesem. Ich habe in diesem Zusammenhang von den negativen Wirkungen des Unbewussten gesprochen (wobei »negativ« hier augenscheinlich nicht wertend gemeint ist, sondern etwa so wie ein Fotonegativ eine Art Gegenbild zeigt, das vom Bild selbst nicht zu trennen ist). In der Folge einer solchen Gegenstandsbestimmung psychoanalytischen Arbeitens und Verstehens kann dafür argumentiert werden, dem Nicht-Verstehen einen wichtigen Platz einzuräumen (Storck, 2016b; 2017h).

Ein weiterer zentraler Aspekt betrifft die Deutung als spezifische Interventionsform der Psychoanalyse (nicht deren einzige, aber eine, die sich in dieser Form in anderen psychotherapeutischen Verfahren nicht findet). Die Deutung unterscheidet sich etwa von der Konstruktion (vgl. Freud, 1937d) durch ihren *analytischen* Charakter: ihr Ziel im Prozess ist gerade nicht das synthetisierende Auffüllen von Lücken und das Schaffen einer kohärenten Geschichte, sondern ein Dazwischengehen (also eine Inter-vention im eigentlichen Sinn), das es ermöglichen soll, neuen, anderen Bedeutungen nachzugehen – die Deutung ist also keineswegs eine zusammenfassende *Folge* der freien Assoziation, sondern soll diese (wieder) herstellen. Ob eine Deutung »wahr« ist oder nicht, bemisst sich, wie Freud (a.a.O.) formuliert, nicht am »Ja« oder »Nein« des Analysanden als Antwort darauf, sondern in ihrer Funktion für einen fortgesetzten Prozess, darin also, ob im Anschluss an sie »neues Material« auftaucht, neue Einfälle.

Diese zwei Merkmale, das Nicht-Verstehen als polares Gegenstück zum Verstehen und der analytische Charakter der Deutung als Öffnung, sind bei der Skizze zur Validierungsstruktur des Teamverstehens behilflich. Erstens ruht auch das Verstehen durch ein Team in einer Fallbesprechung insofern auf einem Nicht-Verstehen, als sich eine Haltung der gleichschwebenden Aufmerksamkeit als sinnvoll zeigt, in der die Teammitglieder nicht durch Vorannahmen geleitet die Fallbesprechung bestreiten – das unterscheidet diese von einer medizinischen Besprechung bzw. lässt es als bedeutsam erscheinen, wenn eine Fallbesprechung einen allzu medizinischen Charakter einnimmt (auch ein Beispiel für eine – versteckte – Teamkrise). Und auch für das Teamverstehen nützt es, einmal gefundene Verstehenslinien nicht allzu festzuschreiben, sondern die Möglichkeit immer wieder neu herzustellen, von neuem und »anders« verstehen zu können (vgl. Storck, 2016b). Und zweitens kann eine Validität von in einer Fallbesprechung erarbeiteten Verstehensideen ebenso wenig aus diesen selbst heraus geschehen, sondern in der Wirkung der aus ihnen erwachsenen Interventionen auf Behandlungsprozesse (▶ Kap. 6). Allerdings ist eine Einschränkung zu machen: Die Wirkung einer – verbalisierten – Verstehensidee zur jeweiligen Teamszene oder zum Verlauf einer Fallbesprechung auf das Team kann gespürt werden: Unter Umständen löst sich ein vorangegangener Spannungszustand auf (ohne dass dessen Intensität ausgewichen wäre). Das bedeutet zwar einerseits immer eine verstehend-handhabbare Distanzierung, aber auch eine Integrationsarbeit, mittels der ein Team einem Patienten denjenigen Schritt voraus ist, zu dem dieser die

Hilfs-Ich-Funktion eines »Teams als Behandlungssubjekt« nun einmal benötigt.

Die Frage nach der Validität bemisst sich somit nicht an einer als gültig erkennbaren Konzentration auf die Behandlungsdynamik. Ich habe dafür argumentiert, dass die Annahme, es könne zwischen beiden im Einzelfall klar getrennt werden, nicht nur illusorisch ist, sondern auch wesentliche Funktionen der Fallbesprechung wirkungslos machen würde. Ganz so leicht lässt sich die Schwierigkeit einer Überblendung der Behandlungsdynamik mit einer Teameigendynamik allerdings nicht beiseiteschieben – es wird deutlich, dass die Kompetenz eines Teams, sich seiner Eigendynamik gewahr zu sein, erforderlich ist, um diese – wie in Behandlungen durch Einzelbehandlerinnen in der Arbeit mit der Gegenübertragung – für die Behandlungen nutzen zu können. Die Kompetenz dazu liegt in Aus- und Weiterbildungszusammenhängen und wird durch zwei klinikstrukturelle Elemente gestützt: die Leitungs- bzw. Moderationsstruktur einer Fallbesprechung und die Supervision.

4.6 Leitungsstruktur und Teamsupervision

In Konzeptionen einer psychoanalytisch ausgerichteten (teil-) stationären Psychotherapie, die den Stellenwert von Fallbesprechungen im Team herausstellen, wird deren Leitungsstruktur als wichtig erachtet. Für Janssen (1987, S. 105) etwa leitet ein »psychoanalytischer Berater«, Klinikleiter oder Oberarzt, der keinen direkten Kontakt zu den Patienten hat, über die jeweils gesprochen wird. Dessen Aufgabe ist es, die Besprechung zu moderieren und vor dem Hintergrund einer psychodynamischen Ausbildung Gruppenphänomene im Hinblick auf die Behandlung zu erkennen und bewusst zu machen (und dabei die Zentrierung der Gruppe auf den Fall statt auf die Selbsterfahrung zu gewährleisten).

Dieser Aspekt berührt zwei Teilprobleme: Zum einen die Frage, ob es eine, gegenüber dem Behandlungskontakt zur Patientin gleichsam externe Leitungs- oder Moderationsstruktur braucht, was die Fallbesprechung stärker in die Nähe einer Supervision rücken würde, zum anderen, damit verbunden, die Frage, welche Schwierigkeiten sich aus einem Ineinander aus institutioneller Leitungsfunktion und Leitung einer strukturierten Fallbesprechung ergeben[15]. Die Vorteile einer klar geregelten Leitungs-/Moderationsstruktur liegen auf der Hand: Sie verleiht dem Gruppenprozess in der Fallbesprechung eine Verankerung in einem ideellen Punkt außerhalb der Behandlungsbeziehungen und erleichtert das Einnehmen einer reflektierenden Draufsicht auf die Diskussion – noch dazu durch eine Person, die ausgewiesenermaßen, nämlich durch die geforderte psychotherapeutische Ausbildung mit psychodynamischer Ausrichtung, geübt darin sein sollte, konflikthafte Prozesse sowie unbewusste Dynamiken und Fantasien zu erkennen und zu benennen. Nicht zuletzt würde so die Aufgabe der Wahrung des zeitlichen und thematischen Rahmens der Fallbesprechung einer Person konkret übertragen. Die Frage nach dem Nutzen einer Moderation der Fallbesprechung lässt sich also recht leicht und positiv beantworten. Allerdings darf nicht übersehen werden, dass die Position einer moderierenden, in die Behandlung nicht direkt involvierten, für die Metaperspektive zuständigen Gruppenmitglieds für die Reflexion des Gruppenprozesses in der Fallbesprechung ebenso mitzudenken ist, wie die Positionen aller anderen Teammitglieder.

Hinzu kommt, dass mit der Forderung einer gesonderten Leitungs-/Moderationsperson, die gleichsam zum Behandlungsalltag hinzu tritt, diejenigen *Arten* von Besprechungen, in denen die Reflexion von Teamszenen konzeptuell möglich ist, in ihrer Zahl eingeschränkt sind. Tägliche Dienstübergaben oder ähnliches würden dann, so kann angenommen werden, von sich ins Behandlungsteam vermittelnden Beziehungsdynamiken aus den Behandlungsbeziehungen ebenso mitstrukturiert wie als solche gesondert ausgewiesene »große« Fallbesprechungen, methodisch geleitet verstanden werden könn-

---

15 Vgl. zum Konflikt zwischen Team und Leitung auch Lohmer (2006).

ten sie allerdings nicht, da nicht für alle Teamzusammenkünfte der Klinikleiter oder eine Oberärztin zur Verfügung steht.

Der m. E. wichtigste Punkt, die vorgeschlagene Struktur einer aus der Klinikleitung kommenden Person, welche die Fallbesprechung leitet bzw. moderiert, betrifft allerdings die methodischen Voraussetzung im Hinblick auf die gleichschwebende Aufmerksamkeit, die freie Assoziation und die Reflexion von Teamkrisen, die als verdichtete Spannungszustände angesichts der Behandlungsbeziehungen im oben entwickelten Sinn begriffen werden. Wenn etwa Janssen betont, die analytische Konzeption der Team- bzw. Fallbesprechung erlaube keine »Diskretionsregel nach innen« (1987, S. 150) und wenn man ferner dem methodischen Kerngedanken konsequent folgt, dass die Behandelnden ihre freien Einfälle äußern, dann bedeutet die, noch dazu leitende, Anwesenheit einer Person mit konkreten Leitungs- und Weisungsaufgaben eine Schwierigkeit, der kaum durch bloßes Anerkennen und die Reflexion ihres Einflusses auf die Fallbesprechung zu begegnen ist, sondern die ein Hindernis darstellt, welches die Arbeit wesentlich beeinflusst. Es wäre also ein methodisches Hindernis, dem möglichst zu entgehen wäre.

Es spricht angesichts dessen also zunächst einmal einiges dagegen, eine Leitungs-/Moderationsfunktion von außerhalb des Behandlungstagesgeschäfts einzusetzen. Das zieht allerdings zwei neue Fragen nach sich. Erstens: Was, wenn ein Oberarzt oder eine Chefärztin direkt in eine Behandlung einbezogen ist, durch das Führen von einzeltherapeutischen Gesprächen oder die Leitung einer therapeutischen Gruppe? Zweitens: Welche anderen Möglichkeiten der Leitung/Moderierung einer Fallbesprechung sind denkbar?

Zunächst zum ersten Punkt. Hier entsteht offenkundig eine neue methodische Schwierigkeit: Zum einen müsste gesagt werden, ein z. B. in die thematisierte Behandlung direkt involvierter Oberarzt müsste an der Fallbesprechung teilnehmen, da andernfalls dem Erkennen einer spaltungsgetragenen Verteilung unterschiedlicher Facetten der Beziehungserfahrung und -gestaltung einer Patientin durch die Zusammenführung in einer Fallbesprechung nicht nachgekommen werden kann – noch dazu keine unwesentliche Facette der Beziehungserfahrungen, bietet sich die Figur des Arztes und dann noch eines »Ober-«, für be-

99

stimmte Übertragungsfiguren doch besonders an. Zum anderen müsste aber, den eben ausgeführten Gedanken folgend, auch gesagt werden, dass die Anwesenheit einer Person aus der Klinikleitung in der Fallbesprechung ein methodisches Hindernis bedeutet. Meiner Einschätzung nach ist eine analytische Team- als Verstehensarbeit dadurch verunmöglicht, wenn prinzipiell ein Aspekt der Behandlungsbeziehungen vom Ort, an dem dieses Verstehen stattfinden soll, ausgeschlossen wäre, was ja der Fall wäre, wenn die Chefärztin an Fallbesprechungen nicht teilnähme. Während das (ausreichend integrierende) Fallverstehen durch eine Nicht-Teilnahme einzelner Behandelnder (einschließlich solchen mit Leitungsfunktion) verunmöglicht wird, wird es durch deren Teilnahme »nur« erschwert, so dass es sinnvoll erscheint, das Zusammenkommen aller an der Behandlung Beteiligten in der Fallbesprechung höher zu gewichten als die Freiheit von institutionellen Abhängigkeiten.

Damit ist allerdings der zweite Punkt berührt, die Frage nach Alternativen in der Leitungs-/Moderationsstruktur zur Chefärztin. Für deren Leitung einer Fallbesprechung spricht, das ist deutlich geworden, deren psychotherapeutische Ausbildung, die sie dazu befähigen sollte, die Reflexion des Teams anzuleiten, Spannungszustände zu tolerieren und gruppendynamische Prozesse auf das Verstehen der Behandlung zu zentrieren. Eine solche Leitung würde gewährleisten, dass die »patientenzentrierte Selbsterfahrung« Balints eine solche bleibt bzw. Selbstreflexion im Dienste des Verstehens der Behandlungsdynamik zum Einsatz gebracht wird. Hinzu kommt die Entlastung der Teammitglieder davon, sowohl den Rahmen der Fallbesprechung herzustellen und zu wahren als auch ihn mit Inhalt zu füllen.

Eine grundsätzliche Leitungs-/Moderationsstruktur einer Fallbesprechung sollte es von daher geben. Allerdings erscheint es als sinnvoll, für die Fallbesprechung eine Leitungs-/Moderationsstruktur eine solche Form zu finden, in der – nicht zuletzt gemäß der verschiedenen Konzeptionen einer therapeutischen Gemeinschaft, einem puripolaren Behandlungsmodell oder der Annahme des Teams als Behandlungssubjekt – die Leitung der Fallbesprechung so wenig hierarchiebezogen wie möglich geschieht. Das würde m.E. vor allem heißen, unter der Leitung der Fallbesprechung eine *Funktion* statt eines Amts zu verstehen – und das wiederum würde dazu führen, eine über verschiedene Personen und Berufsgruppen wechselnde Leitung/Moderation einzusetzen. Das wiederum kann nur dann als ein Beachten der methodischen Grundlegungen der Fallbesprechung gelten, wenn die Mitglieder des Behandlungsteams darin geschult sind, Reflexion anzuregen und unbewusste Gruppenprozesse wahrzunehmen und zu verstehen. Es ist damit also die Forderung nach einer Art Zusatzqualifikation in psychodynamischer Teamarbeit verbunden, die nicht berufsgruppen-, sondern settingspezifisch ist. Damit würde die selbst-supervisorische Funktion eines Behandlungsteams gestärkt und auch »kleine« Besprechungsstrukturen wie Dienstübergaben könnten der Möglichkeit nach für die Reflexion von Teamdynamiken genutzt werden (für die notwendigen Rahmenbedingungen dafür ▶ Kap. 5).

Zwei weitere Bemerkungen sind nötig: Einmal ist zu den Dienstübergaben zu sagen, dass angesichts von in aller Regel sehr reduzierten zeitlichen Kapazitäten (und der Aufgabe einer »geordneten« Übergabe, in der oft genug pflegerische und/oder medizinische Aspekte vermittelt werden müssen) nicht die Idealform einer strukturierten Fallbesprechung zum Tragen kommen kann. Aber es soll darauf hingewiesen werden, dass auch in einer Dienstübergabe Teamgruppenphanomene und damit auch Teamszenen auftreten (allerdings nicht in der verdichteten Form, wie es das methodisch ideale Setting zulässt), z. B. dahingehend, dass trotz knapper Zeit übermäßig lange über einen Patienten gesprochen wird (ohne dass dies einen offensichtlichen Grund hat, wie eine bevorstehende Entlassung, eine suizidale Krise o. ä.). Und des Weiteren ist darauf hinzuweise, dass die hier vorgeschlagene Weise der Teamarbeit auf die Grundlage einer einführenden Fortbildung in psychodynamischer Teamkompetenz o. ä. für alle Berufsgruppen gesetzt werden sollte. Damit sind Voraussetzungen geschaffen, die keine psychoanalytische Weiterbildung ersetzen können, aber dabei hilfreich sind, Beziehungsdynamiken unter Beachtung eigene Fantasien und Affekte zu reflektieren (wie es z. B. auch in der Arbeit mit Studierenden der Fall ist; vgl. Storck & Taubner, 2010).

Wiederholt ist im bisherigen Gang der Argumentation darauf hingewiesen worden, dass die Selbsterfahrung in der Fallbesprechung zu begrenzen ist bzw. im Dienste des Verstehens der Behandlungsdynamiken steht und darauf zentriert werden sollte. Bei aller Betonung von selbst-supervisorischen Funktionen eines Behandlungsteams stößt die Reflexion der eigenen Gruppendynamik notwendigerweise an ihre Grenzen. Ebenso wenig wie individuelle Selbstanalyse nur bis zu einem gewissen Grad möglich ist und die Annahme, eigene Widerstände oder Abwehrfiguren aus sich selbst heraus erkennen und auflösen zu können, sich von der Münchhausen'schen Figur, sich am eigenen Schopf aus dem Sumpf zu ziehen, nicht wesentlich unterscheidet, so kann auch ein Behandlungsteam sich nicht sich selbst in Gänze transparent machen. Auch eine noch so versierte Fallbesprechungskompetenz ersetzt also die Funktion einer externen Supervision nicht – die zudem zweierlei Funktionen übernehmen kann, indem sie, wie üblich, sowohl als Team- als auch als Fallsupervision fungieren kann (zum Verhältnis von Fallbesprechung und Fallsupervision ▶ Kap. 5.4).

4.7 Fallbeispiele

Im Licht des inzwischen Erörterten können einige Gedanken an das Beispiel einer Fallbesprechung aus der Einleitung angeschlossen werden. Zur Erinnerung: Die Fallvorstellung der 48-jährigen Patientin (ohne sexuelle oder andere intimen Kontakte in ihrem Leben, weshalb sie als »alte Jungfer« bezeichnet worden war) war recht bald von einer einfallslosen Atmosphäre geprägt gewesen. Schließlich hatte die fallvorstellende Psychologin mit dem Blick auf eine Schokoladenbox in der Mitte des Tisches, um den die Mitglieder des Behandlungsteams saßen, gesagt »Ach, da ist was drin in der Schachtel...!?«. Es kann als Spiegelungsphänomen angesehen werden, dass die lustvermeidende Dynamik der Patientin sich in eine lustlose Vorstellung durch ihre Behandlerin fortsetzt, die in diesem Fall etwas von der Patientin »spielt«, ohne es explizit zu benennen. Es kann als eine Teamszene und darüber hinaus als eine Teamkrise betrachtet werden, dass die Einfälle versiegen – es deckt sich ein Schleier der abgewehrten Lebendigkeit über die Teamgruppe, hinter der gleichwohl ein Spannungszustand vermutet werden kann: zum einen die konkordant erlebte Angst der Patientin, die lähmt, zum anderen der ebenfalls abgewehrte komplementäre Impuls, die Patientin gewaltsam zu einer Öffnung zu bringen. Ohne intentional so vorgehen zu wollen, führt die fallvorstellende Psychologin einen Aspekt der freien Assoziation in der Fallbesprechung vor, indem sie ausspricht, verwundet zu sein, dass sich in der Box vor ihr noch Schokolade befindet (sie hätte das Aussprechen oder Nachprüfen dieser Erkenntnis ja auch auf später verschieben können ...). Der entscheidende Moment der Fallbesprechung ist nun, dass dieser Satz als Einfall zur Patientin gehört wird: Es ist womöglich doch etwas Süßes, Genussvolles in der »alten Schachtel«. Damit ist die Teamkrise nur in Teilen aufgelöst: Immerhin wird, hört man den Satz patientinnenbezogen, auch das Eindringen in einen Raum der Patientin markiert (in der etwas zu finden ist, was sie schützt). Aber ein solches, zunächst implizites, aber durch einen teamreflektierenden Prozess explizierbares Moment führt zu einer Öffnung des weiteren Nachdenkens über die Patientin.

Der Verlauf einer Fallbesprechung im Anschluss an eine Teamkrise und das konsequente methodische Folgen der freien Einfälle wird ebenfalls deutlich, wenn der bereits in Teilen dargestellte »Fall« Frau J.s (▶ Kap. 2.5) wieder aufgenommen wird. Die Patientin war nach einer ersten Woche der Distanzlosigkeit und dem behandlerischen Impuls, sie per Überweisung in eine andere Klinik »loswerden« zu wollen, am Morgen der zweiten Behandlungswoche auf der Busfahrt in die Klinik gestürzt, hatte sich schmerzhaft den Oberkörper verdreht und war von Mitpatientinnen auf ihren Wunsch hin zum Krankenhausgelände begleitet worden, wo sie sich in der Zentralen Notaufnahme statt in der Psychosomatischen Klinik schmerztherapeutisch hatte erstversorgen lassen.

Am Mittag des Tages, noch vor der Rückkehr Frau J.s in ihre »Heimatklinik«, wird ihr Fall zum Thema einer Fallbesprechung. Dabei ist auffällig, dass es zwei Krankenpflegerinnen, die am Morgen denselben Bericht einer der Mitpatientinnen über das Geschehen gehört hatten, nicht gelingt, eine Darstellung über die konkreten Bedingungen von Frau J.s Unfall zu geben. In ganz irritierender Weise ist keine Klarheit darüber zu gewinnen, ob Frau J. im Bus oder in der Straßenbahn verunfallt ist, ob sie zu Boden gestürzt ist oder nicht, wann die Mitpatientinnen zu ihr gestoßen sind oder ob sie im Rettungswagen zum Krankenhausgelände befördert worden ist oder nicht. Einige Zeit steht das Bemühen der Teamgruppe im Vordergrund, man müsse doch klären können, »wie es nun wirklich gewesen ist« – bis dies schließlich »aus Zeitgründen« aufgegeben wird. In der zweiten Hälfte der Teambesprechung wird, vermeintlich, nicht mehr über den Fall gesprochen, sondern über organisatorische Abläufe: So wird zum Thema, wie sich die psychotherapeutisch behandelnden Psychologinnen der Klinik im Fall einer akuten lebensbedrohlichen Krise einer Patientin verhalten sollten. Auffällig umständlich wird diskutiert, dass es für solche Fälle auf den Fluren der Klinik »Notfallknöpfe« gebe, die ein krankenhausweites Reanimationsteam rufen würden. Die Verständigung erscheint banal: In Notfällen soll ein Knopf gedrückt werden, auf dem »Für Notfälle« geschrieben steht.

Nicht aufgegriffen wird der Gedanke, dass es sich hier um eine Fortsetzung der Fallbesprechung »in anderem Gewand« handelt. Begründen ließe sich dies nicht allein über die methodische Forderung, alle Einfälle auf ihren Bezug zum Fall zu prüfen, sondern auch in der inneren Logik der Besprechung: Immerhin wird doch in beiden Teilen über Fälle und Notfälle, über Krisen und das Verhältnis von Psychotherapie und somatischer Erstversorgung gesprochen. Die Teamszene, auch hier als Teamkrise zu verstehen, zur Mitte der Besprechung ist gekennzeichnet durch die massive Irritation, dass derselbe Bericht von zwei Pflegerinnen ungleich aufgenommen und wiedergegeben wird. Die Teamszene ist eine der Verwirrung über die Realität und weiter ein Scheitern darin, Ordnung hineinzubringen. Dieses krisenhafte Moment setzt sich dann unter der Hand fort, implizit wird über etwas gesprochen, wo in einer Krise der passende Knopf an der Wand zu finden ist, der medizinische Versorgung einbestellt. Implizit bleibt dabei, dass Frau J.s Verunsicherung in Beziehungen (die nicht zuletzt von einer massiven Angst getragen ist, den Kontakt zur Realität zu verlieren, wie einige andere Schilderungen Frau J.s gezeigt hatten) sie in Not bringt, angesichts der begonnenen Behandlung. Sie agiert ihre Ambivalenz, sich in eine Behandlung zu begeben, wo es um Beziehungen und

Gefühle geht, indem sie zum einen die Notaufnahme aufsucht (um somatisch behandelt zu werden), zum anderen aber ihre Sporttasche in die psychosomatische Klinik bringt und signalisiert, sich dort auch zugehörig zu fühlen. Es erscheint ihre Logik, sich in Notfällen einen Knopf zu wünschen, den sie drücken kann, statt sich der Verunsicherung in Beziehungen auszusetzen, gespiegelt in der eigenartig wirkenden Diskussion des Teams über den Notfallknopf und das Reanimationsteam.

Zwar wird das nicht explizit reflektiert, aber es scheint, als wäre diese unerkannte Fortsetzung der Fallbesprechung (statt sich weiter die Zähne daran auszubeißen, wie die Realität nun wirklich gewesen ist) nichtsdestoweniger ein Wendepunkt in der Behandlung gewesen – denn in der Folge des Falls Frau J.s in Bus oder Bahn verändert sich die Haltung der Behandelnden ihr gegenüber, die nach anfänglicher emotionaler Ablehnung die Patientin nun ins Herz schließen und eine förderliche gemeinsame Arbeit beginnen können, die in der Kontinuität einer im Anschluss an die teilstationäre Behandlung fortgesetzte ambulante Behandlung bei ihrer Bezugstherapeutin mündet. Es hat sich also in der Nachfolge der Fallbesprechung etwas in den Behandlungsbeziehungen geändert: Zumindest zu skizzieren ist, ob diese Veränderung notwendigerweise darauf beruht, zu verstehen, was sich in einer Fallbesprechung gezeigt hat. Im Fall Frau J.s hat sich etwas in die Fallbesprechung hineinvermittelt, das Team hat, ohne es zu merken, nach der Diskussion des Unfalls der Patientin über das Verhalten in somatischen Krisen gesprochen, danach wiederum fiel es leichter, sich der Patientin zuzuwenden. Hier ist etwas in der Fallbesprechung gelungen, *ohne* dass es erkannt wurde. Die hier vorgelegte Konzeption soll helfen, das Wirksame und Gelingende der Fallbesprechung methodisch zu konkretisieren, so dass Veränderungsprozesse wie im Fall Frau J.s leichter, und dann reflektiert, eingeleitet werden können.

5 Die Fallbesprechung – Praxisempfehlungen

Genauer als bisher geschehen muss zunächst geklärt werden, was unter »Fallbesprechung« verstanden werden soll. Die nachfolgenden Praxisempfehlungen richten sich auf den Idealfall einer Besprechungsform, der folgende Merkmale zukommen:

- 30–60 Minuten Dauer,
- wöchentliches Stattfinden, zur selben Zeit,
- keine bzw. möglichst wenig inhaltliche Vorstrukturierung,
- Teilnahme aller Mitarbeitenden einer Station, die mit Patienten arbeiten (auch wenn es andere sind als die jeweils besprochene Patientin),
- Einbezug von Mitgliedern der Klinikleitung nur dann, wenn diese direkten Patientenkontakt im besprochenen Fall haben,
- kein personaler Einbezug von Patientinnen,
- wechselnde Leitungsfunktion, mit der das Ziehen eines Fazits während der letzten 5–10 Minuten der Besprechung verbunden ist, sowie ein Eintrag in die Patientenkurve.

Ausgehend von diesem Goldstandard sind Modifizierungen denkbar und sinnvoll. Eine Fallbesprechung »im Kleinen« kann dann auch eine Dienstübergabe sein, sofern die Modifizierungen berücksichtigt werden (etwa: nicht alle Behandelnden sind anwesend, geringerer zeitlicher Umfang, stärkere Zentriertheit auf medizinische oder pflegerische Aktualität).

Sinnvollerweise wird eine Patientin zu Beginn der Behandlung zum Thema einer Fallbesprechung. Hier kann entlang der Teamdynamik eine Behandlungsplanung (z. B. in Gestalt eines psychodynamischen

Fokus'; ▶ Kap. 5.5) entwickelt werden. Dabei ergibt sich der Sonderfall, dass z. B. am Aufnahmetag viele Teammitglieder noch keinen Kontakt zum Patienten gehabt haben werden, so dass stärker dem eigentlichen Konzept der Balintgruppe gefolgt werden kann und es viele Personen gibt, die nicht ihren eigenen Erfahrungen mit einem Patienten folgen, sondern thematisieren können, welches Bild eines Patienten entsteht, von dem berichtet wird. Das erste Ziel einer Fallbesprechung im Hinblick auf eine Patientin kann also lauten, dass ein Behandlungsfokus gebildet (oder angepasst) wird. Die Entscheidung darüber, welcher Patient in einer Fallbesprechung im Verlauf gewählt wird bzw. wann für einen Patienten eine solche anberaumt wird, sollten weniger einem festen Ablaufschema folgen, sondern sich am Bedarf der Teammitglieder orientieren, der nichtsdestotrotz mit zu reflektieren ist. So ergeben sich für einen Patienten pro Aufenthalt etwa eine bis drei Fallbesprechungen, wobei nach Möglichkeit mindestens zur Aufnahme und kurz vor der Entlassung eine erfolgen sollte.

Janssen (1987, S. 105f.) unterscheidet als Formen von Besprechungen in der stationären Therapie Diagnosekonferenz, Stationskonferenz, Verlaufskonferenz, Gruppenprozesskonferenz, Gesamtteamkonferenz und Abschlusskonferenz. Die Arten der Konferenz unterscheiden sich im Wesentlichen in der Frequenz und dem Zeitpunkt, zu dem sie abgehalten werden. Für den vorliegenden Zusammenhang halte ich es für möglich, sich auf das Gemeinsame zu beschränken, und den Hinweis zu geben, dass eine Einschränkung der an einer Konferenz teilnehmenden Berufsgruppen (für Janssen nehmen an der Diagnosekonferenz z. B. nur Psychotherapeuten teil) allenfalls aus zeitökonomischen Gründen erfolgen sollte: Bei »Machbarkeit« sollte das Behandlungsteam als ganzes zusammen kommen. Hervorheben möchte ich ferner den Hinweis Janssens, dass in der »Stationskonferenz« eine Woche nach Aufnahme eines Patienten »die ›Eingangsszene‹ besprochen wird, d. h. wie der Patient sich in den einzelnen Feldern darstellt. Des Weiteren sollen Entlassungsfragen und Entlassungsszenen eingebracht werden.« (a.a.O., S. 105). Meiner Auffassung nach gibt das eine allgemeine Richtung für Fallbesprechungen vor, nämlich die Orientierung an aktuellen, u. U. wiederkehrenden Szenen der Behandlungsbeziehung(en). Dies fördert die Herstellung der beschriebenen Teamszenen/Teamkrisen.

Zu berücksichtigen ist außerdem, dass die Terminologien in unterschiedlichen Kliniken und unterschiedlichen Konzeptionen nicht einheitlich sind; aus diesem Grund habe ich mich im vorliegenden Rahmen dafür entschieden, allgemein von »Fallbesprechungen« zu sprechen. Das schließt, je nach Konzeption, so etwas wie die Stationskonferenz, Teamkonsultation o. ä. ein.
Ich werde die dargestellten Merkmale etwas genauer ausführen.

5.1 Setting und Rahmen

Eine der wesentlichen Funktionen einer strukturierten Fallbesprechung im hier beschriebenen Sinn liegt darin, die Einfälle und Atmosphäre des Teams als Zugangsweg zu unbewussten Aspekten der unterschiedlichen Behandlungsbeziehungen aufzufassen und dies wiederum zum Verständnis der psychischen Welt von Beziehungserfahrung und Beziehungserleben der Behandelten zu nutzen (und letztlich psychotherapeutische Veränderung zu ermöglichen). Das bedeutet, sich dem Ungeplanten, Ungesteuerten und Überraschenden zu überlassen, was angesichts der in Kapitel 3 herausgearbeiteten psychodynamischen Aspekte im Hinblick auf Objekterleben und Abwehrstruktur mit intensiven Affekten und fragmentierten Aspekten psychischer Struktur und Funktionen zu tun hat. Sowohl, um das Hervortreten dieser Aspekte in einer Fallbesprechung methodisch zu ermöglichen, als auch, um die Auseinandersetzung damit zu fördern, ist eine verlässliche Rahmensetzung nötig. Auch eine ambulante Behandlung bedarf einer Verbindlichkeit, die es allen Beteiligten erleichtert, sich Ungesteuertem zuzuwenden.

Auch im ambulanten Bereich sind hinsichtlich des in der Literatur meist so genannten »äußeren« Rahmens insbesondere drei Elemente zentral: die zeitliche, periodische und personale Kontinuität und Verbindlichkeit. Damit ist im engeren Bezug auf die Fallbesprechung im stationären Bereich erstens gemeint, dass die Dauer der Fallbesprechung vorher festgelegt ist und unabhängig von deren Verlauf beibehalten wird: Eine langweilig erscheinende Fallbesprechung wird nicht früher beendet und eine, in der es hoch hergeht, nicht spontan verlängert. Als sinnvoll erscheint eine Dauer von 30 bis 60 Minuten, jedoch immer dieselbe (*zeitliche Kontinuität*). Zweitens ist gemeint, dass es im wöchentlichen (u. U. 14-täglichen) Ablaufplan einer Klinik einen festen zeitlichen Platz für strukturierte Fallbesprechungen gibt. Fallbesprechungen als solche werden nicht »nach Bedarf« einberufen, sondern sind periodisch wiederkehrender Teil der Besprechungsstruktur (auch sollte verbindlich entschieden werden, welche Patientin jeweils besprochen wird; im Idealfall nicht erst »spontan« bei Beginn der Fallbesprechung, sondern im Vorfeld). Weder der Beginn noch das Ende der Woche erscheinen als günstig und die weniger hohe zeitliche Nähe zur externen Supervision ist zu beachten. Der Donnerstag bietet sich an, weil bis dahin in einer laufenden Woche genügend aktuelles szenisches Material in den Teilbehandlungen aufgetaucht sein dürfte und die meisten der Behandelnden einen Patienten im Verlauf der Woche gesehen haben dürften (*periodische Kontinuität*). Drittens ist schließlich auf die gleiche personale Zusammensetzung der Fallbesprechung zu achten (die gleichwohl nur annäherungsweise realisierbar ist). Das heißt zum einen, dass alle Mitarbeitenden teilnehmen sollen, allerdings Personen aus der ober-/chefärztlichen Leitungsebene nur im Fall eines direkten Patientinnenkontakts jenseits der Visite. Zum anderen heißt es auch, dass die Arbeit in der Fallbesprechung auf dem Gefühl beruht, zu einer festen und abgeschlossenen Gruppe zu gehören, um so den freien, vielleicht unangenehmen Einfällen folgen zu können (nicht jedem mag man sagen, dass einen ein Patient ängstigt z. B.; *personale Kontinuität*).

Zur zeitlichen Struktur ist darüber hinaus zu sagen, dass es sinnvoll ist, im Schlussabschnitt der Fallbesprechung je nach Gesamtdauer fünf bis zehn Minuten zur »Bündelung« des Besprochenen einzuplanen – sowohl das Achten darauf, dass diese Zeit zur Verfügung steht, als auch Ideen zur Bündelung zu entwerfen, sollte dabei der Person obliegen, die die Leitung/Moderation übernimmt. Eine solche Bündelung bereitet einen prägnanten und später nachvollziehbaren Eintrag in die Patientinnenkurve vor, ebenso wie potenziell teilbehandlungssettingspezifische Interventionen (▶ Kap. 6).

Ebenfalls wie im ambulanten Bereich (bzw. der behandlungstechnischen Konzeption der Psychoanalyse) kann zwischen dem »äußeren« und »inneren« Rahmen unterschieden werden. Ambulant ist damit in erster Linie auf die Fähigkeit des Analytikers verwiesen, für das, was eine Analysandin in die Behandlung und die Übertragungsbeziehung einbringt, einen »haltenden Rahmen« zur Verfügung zu stellen (das verweist auf Winnicotts, 1965, Begriff des *holding*), d. h. gerade affektives Material, das nicht oder wenig in einen repräsentatorischen Kontext eingebunden ist, aufzunehmen und in einem nächsten Schritt »vorzuverdauen« (im Sinne des Bionschen *containments;* ▶ Kap. 6.2), so dass es dem Analysanden möglich wird, etwas davon wieder aufzunehmen, einschließlich der symbolisierenden Funktion der Analytikerin.

Der »innere« Rahmen einer Fallbesprechung durch ein Team lässt sich infolgedessen in zweierlei Dimensionen beschreiben: Zum einen ruht das Geschehen in einer Fallbesprechung auf der jeweiligen Kompetenz der Einzelnen, die Aktualisierung von Beziehungserfahrungen seitens des Patienten in ihren spezifischen Behandlungssettings zuzulassen und wahrzunehmen, diesen also einen inneren, haltenden Rahmen zur Verfügung zu stellen. Zum anderen ist eine solche Haltung auch Teil dessen, was von den Einzelnen als Teil des Teams in einer Fallbesprechung gefordert ist, nämlich vermittels der persönlichen Haltung einen Beitrag dazu zu liefern, dass sich das Team als Gruppe mit einer aufnehmenden Haltung im Sinne eines solchen inneren Rahmens formieren kann. Das erfordert in besonderem Maß eine Spannungstoleranz und die Fähigkeit, das eigene Verstehen auch zu suspendieren, um die Entfaltung einer unbewussten Dynamik in der Teamgruppe nicht vorschnell zu begrenzen.

Die terminologische Unterscheidung zwischen (äußerem) Rahmen und Setting ist in der Psychoanalyse nicht immer besonders scharf. Zusätzlich zu den bisher vorgeschlagenen Aspekten, die eher den Rahmen betreffen, kann hinsichtlich des Settings zunächst in allgemeiner Weise gesagt werden, dass die hier entwickelte Konzeption von Fallbesprechungen als eine analytisch orientierte verstanden werden muss: Es geht ihr um unbewusste Beziehungsaspekte, um den Einsatz der je persönlichen Rollenübernahmebereitschaft, die Reflexion von Übertragung und Gegenübertragung oder gruppenanalytische Grundüberlegungen. Das allgemeine Setting der hier vorgeschlagenen strukturierten Fallbesprechung ist also ein psychodynamisches. Die Gruppengröße als Settingfaktor lässt keine genauen Vorgaben zu: Angesichts der Verwurzelung einiger der hier verwendeten Konzeptionen in der Supervisionstheorie wäre auch ein »Team« aus zwei Personen prinzipiell zulässig (aber es würde die Stärken einer Klinikbehandlung verfehlen) und auch eine Teamgruppengröße von 20 oder mehr Personen würde eher an räumliche Grenzen als an methodische stoßen. Nichtsdestoweniger halte ich eine Teamgruppengröße von 6 bis 12 Personen für optimal.

Bezüglich der Settingfaktoren im engeren Sinn, die sich aus dem grundlegend analytischen Setting ergeben, sind die im folgenden Abschnitt für die Fallbesprechung spezifizierten »Grundregeln« zu diskutieren.

5.2 Grundregeln

Als psychoanalytische Grundregeln gelten freie Assoziation (vgl. Storck, 2012c) und gleichschwebende Aufmerksamkeit. Da sich beide für eine Spezifizierung in Richtung der Fallbesprechung anbieten, skizziere ich kurz die Grundüberlegungen dabei, die bereits auf die Anwendung im Teamsetting zentriert sein werden.

Mit der freien Assoziation ist bei Freud und Analytikern seit seiner Zeit die dem Analysanden mitzuteilende Grundregel gemeint, er solle alles sagen, was ihm in den Sinn komme, ohne Vorauswahl oder eine Orientierung an der kommunikativen Logik eines Alltagsgesprächs (Freud, 1910a, S. 30f). Damit soll nicht – in Anerkenntnis dessen, dass ja gerade nicht der Auftrag erteilt werden kann »Erzählen Sie jetzt alles, was Ihnen unbewusst ist« – das Unbewusste freigelegt werden, nur indem die Freiheit von psychischer Zensur erteilt wird, sondern es sollen die Mechanismen der Entstellung freigelegt werden, d. h. die

»zweite Zensur«, nämlich die zwischen Vorbewusstem und Bewusstem, wie Laplanche und Pontalis (1967, S. 78f.) formulieren. Ähnlich wie in der Traumdeutung, deren Ziel es ist, die Mechanismen der Traumarbeit rückgängig zu machen (Freud, 1916/17, S. 174), soll das Befolgen der Grundregel der freien Assoziation etwas von der psychischen Struktur zeigen: deren »Wunschanziehungen« und »Seitenbesetzungen«, wie Freud (1950a) andernorts formuliert. Das Konzept ist deshalb so zentral, weil es eine behandlungstechnische Entsprechung von Freuds grundlegenden Vorstellungen über das Psychische bedeutet und darüber hinaus die Grundlage jeder psychoanalytischen Bedeutungstheorie bildet: Wenn einer Analysandin tatsächlich zu »Zigarre« »Penis« einfallen sollte, dann bedeutet nicht Zigarre eigentlich Penis, sondern es ist bedeutungsvoll, dass beide für sie in einem Verknüpfungsverhältnis stehen. Eine Paradoxie im Konzept der freien Assoziation liegt dann darin, dass sein Nutzen darin besteht, dass die Assoziationen gerade nicht frei, also zufällig sind, sondern, wie Freud schreibt (1924c, S. 410f.), durch das Unbewusste determiniert, d. h. durch dessen Wirkungen in Bewegung geraten.

Der freien Assoziation korrespondiert als zweite Grundregel, nun auf Seiten der Analytikerin, die gleichschwebende Aufmerksamkeit. Damit ist gemeint, dass der Analytiker auf eine Vorauswahl oder eine Vorstrukturierung seiner Art zuzuhören, verzichten sollte. Es ist nicht von vornherein entscheidbar, welches die »wichtigen« und welches die »nebensächlichen« Informationen in der Rede einer Analysandin sind (vgl. Freud, 1912e, S. 377f). Die gleichschwebende Aufmerksamkeit erweist sich dabei als ähnlich paradox wie die freie Assoziation: Auch ihr Nutzen liegt in den Momenten, wo sie *nicht* aufrecht zu erhalten ist, in solchen nämlich, in denen etwas in sie einbricht und Irritationen, Nichtverstehen oder einen heftigen Affekt oder eine Gegenübertragungsfantasie hervorruft.

Ein Unterschied zu dem Feld, in dem beide Konzepte formuliert worden sind, liegt für die Fallbesprechung darin, dass hier nicht nur nicht im Zwei-Personen-Setting gearbeitet wird, sondern eben auch nicht in einem direkt therapeutischen: der Patient selbst ist nicht anwesend[16]. Das hat zur Folge, dass beide »Grundregeln« solche sind, die für das Team gelten, wie es in der Konzeption der Balintgruppe (▶ Kap. 4.2) bereits enthalten ist. Die Behandelnden haben vor dem Hintergrund des entsprechenden (äußeren) Rahmens zum einen die Aufgabe, gegenüber der Diskussion gleichschwebend aufmerksam zu sein (d. h. etwa, dass – in der Logik der Fallbesprechung! – ein somatischer Befund nicht unhinterfragt wichtiger ist als eine Schilderung einer Patientin über ihr Haustier), und zum anderen ihre freien Einfälle in die Diskussion einzubringen. In der Konzeption der Gruppenanalyse nach Foulkes (▶ Kap. 2.1) waren diese Varianten der psychoanalytischen Grundregeln als »freiströmende Diskussion« oder »freie Gruppenassoziation« aufgetaucht. In der Verknüpfung liegt die Spezifität für die Fallbesprechung: Angesichts dessen, es in der Fallbesprechung selbst nicht mit einem Patienten zu tun zu haben, für den ein analytischer Raum bereitgestellt werden soll, in dem er sich entfalten kann, und angesichts des begrenzten zeitlichen Umfangs sind andere Anforderungen hinsichtlich eines »abwartenden Zuhörens« (z. B. Zwiebel, 2013) der einzelnen Teammitglieder gegeben als im ambulanten Setting. Hinzu kommt, dass die leitende/moderierende Person gegenüber den übrigen Teammitgliedern eine Entlastung gegenüber einer rezeptiven Haltung schafft, diese gleichsam stellvertretend übernimmt. Und auch angesichts dessen, selbst frei zu assoziieren, geraten die Teammitglieder schneller ins Sprechen als jemand, der ambulant analytisch behandelt; auch geben sie keine Deutungen, sondern vollziehen eine Art Sammlung szenischen Materials, das in Teamszenen/Teamkrisen kulminieren soll.

Einige Bemerkungen sind dabei gleichwohl zum Grad der »Freiheit« bzw. »Assoziativität« der geäußerten Einfälle zu machen, die sich aus dem im Kern nicht-therapeutischen und auch nicht-selbsterfahrungslogischen Setting ergeben. Sicher ist es bedeutsam, wenn einem Teammitglied angesichts der Diskussion einer Behandlung etwas sehr Emotionales aus dem eigenen Leben einfällt (etwa die Erinnerung an einen persönlichen Verlust) oder auch etwas sehr Banales (etwa, was auf dem Einkaufszettel für den später zu erledigenden Supermarktbesuch noch fehlt). Beides ist sinnvollerweise darauf zu befragen, in wel-

---

16 Ich werde in Kapitel 5.3 einige Bemerkungen zu Ansätzen machen, die in diesem Sinne partizipativ vorgehen.

cher Weise es eine indirekte Beantwortung von gerade Diskutiertem bedeutet: So könnte verstehbar werden, dass ein Trauerthema in der Behandlung bislang wenig beachtet wurde, oder eine Flucht in die »Banalität« reflektiert werden, die sich angesichts von etwas »Bösem« herstellen mag. Nichtsdestoweniger ist eine zeitlich knapp bemessene und mit einem direkten Auftrag in der Patientinnenversorgung in einem Krankenhaus verbundene Fallbesprechung nur schwer vorstellbar, in der Teammitglied A seine Erfahrungen mit persönlichen Verlusten einbringt, Teammitglied B berichtet, noch Zutaten für eine Kürbissuppe einkaufen zu müssen, und Teammitglied C dem Impuls folgt, Fotos seiner Kinder zu zeigen.

Dem Dilemma, zwischen freien Einfällen und Zentriertheit der Diskussion eine Balance zu finden, wird zum einen durch die Moderationsfunktion begegnet, noch direkter aber durch eine relative Abstufung der Freiheit der *mitgeteilten* freien Einfälle. Beziehen sich diese vermittlungslos auf die Behandlung, sollten sie »ungefiltert« geäußert werden (z. B. wenn ein Patient einen an James Bond erinnert). Beziehen sie sich auf anderes, ist vom einzelnen Teammitglied m. E. eine innerlich vorgeschaltete Reflexionsleistung gefordert: Statt die anderen dann an seinen privaten Einkaufszettelüberlegungen teilhaben zu lassen, böte sich etwa an, etwas zu sagen wie »Ich finde es gerade schwer, bei der Sache zu bleiben« (bezogen auf die Form des Einfalls: Abschweifen) oder »Wenn ich der Diskussion so zuhöre, dann ist es so, wie wenn man sich an einem kalten Herbsttag aufwärmen möchte« (bezogen auf den Inhalt des Einfalls: Kürbissuppe).

Eine Besonderheit bezüglich Rahmen, Setting und Grundregeln lässt sich für die Person bestimmen, welche die Leitung/Moderation übernimmt. Sie sollte in stärkerem Maß abwartend zuhören und ihre rezeptiven Kompetenzen zum Tragen bringen. Für sie geht es weniger um das verbalisierte Einbringen eigener freier Einfälle, sondern um die Reflexion »großer« Linien, die sich zu einer Teamszene/Teamkrise verdichten. Oben war das Paradox deutlich geworden, dass Teamkrisen denkbar sind, solange sie benannt bleiben, unerkannt bleiben. Dazu gehört wesentlich, alles, was in der Fallbesprechung (d. h. im fest vereinbarten und unumstößlichen zeitlichen Rahmen) geäußert wird, als freien Einfall zur besprochenen Behandlung zu *hören* (z. B. die Unter-

114

haltung über das Verhalten von Psychologinnen in Fällen somatischer Krisen in der Fallbesprechung zu Frau J. in Kapitel 4.7). darin wird z. b. dem Umstand Rechnung getragen, dass auch die freien Einfälle nicht schlicht in solche unterteilt werden könnten, die dem Fantasie-, und solche, die dem Realitätsraum angehören (▶ Kap. 2.2), sondern dass es eine Frage der »Wahrnehmungseinstellung« ist, unter welchem Blickwinkel etwas geradezu verstanden versucht wird. In der Moderations-/Leitungsfunktion kommt die Verantwortung für den äußeren Rahmen mit einer haltenden Funktion für das Team zusammen, die Grundregeln sind in Richtung der gleichschwebenden Aufmerksamkeit verschoben – bis zur abschließenden Phase der Bündelung, welche einige Anregungen zum (unbewussten) Thema der Fallbesprechung geben soll, ohne dabei den Charakter einer Deutung im engeren Sinn zu haben.

Die Grundregeln ließen sich also folgendermaßen formulieren: Mit Ausnahme der leitenden/moderierenden Person sollen alle Teammitglieder aus einer Haltung der gleichschwebenden Aufmerksamkeit heraus (keinem Aspekt der Diskussion ist ungeprüft mehr »objektives« Gewicht zu geben als anderen) ihre freien Einfälle äußern bzw. deren mögliche Bedeutung für die diskutierte Behandlung erkunden.

5.3 Das Verhältnis der Fallbesprechung zur Stationsversammlung

Ich habe einige Male angedeutet, dass das hier vorgelegte Konzept einer strukturierten Fallbesprechung keine personale Beteiligung von Patienten vorsieht. Der wesentliche Grund dafür liegt in der unauflösbaren Schwierigkeit einer Hemmung der freien Einfälle auf Seiten der Behandelnden sowie der Einsicht darin, dass kein verbales oder nonverbales Verhalten gegenüber einer Patientin denkbar ist, das keinen interventorischen Charakter hätte. In einer im hier vorgeschlagenen Sinn abgehaltenen Fallbesprechung sähe sich ein Patient mehr oder minder pausenlos ungesteuerten Quasi-Interventionen ausgesetzt, die *als Interventionen* oft genug als unprofessionell zu gelten hätten (nicht aber als Reflexion über einen Fall).

Das hat zwei Folgen: zum einen die Abgrenzung von partizipativen Ansätzen der Fallbesprechung, zum anderen die Sonderstellung einer Besprechungsform wie der Stationsversammlung, die als Konsequenz der Annahme einer therapeutischen Gemeinschaft in der gegenwärtigen Landschaft stationärer Psychotherapie gängig ist.

Der Gedanke, Patientinnen an einer Fallbesprechung teilhaben zu lassen, lässt sich zunächst als ähnlich folgerichtig hinsichtlich des Gedankens einer therapeutischen Gemeinschaft denken. Warum auch nicht? Wenn eine Fallbesprechung dem Verstehen der (unbewussten) Beziehungsdynamiken eines Patienten dienen soll, warum sollte der dann davon nur im Ergebnis, nicht während des Prozesses einen Nutzen haben?

Das sogenannte Weddinger Modell (Mahler et al., 2014) präsentiert dazu ein Klinikmodell nach der Maßgabe »Keine Vor- oder Nachbesprechung ohne Beteiligung des Patienten«. In der Tradition sozialpsychiatrischer Ansätze und Konzeptionen wie »Open Dialogue« oder »Need-Adapted Treatment« konzipieren die Autorinnen dort ein Konzept der »partizipativen Fallbesprechung«. Eine Sonderstellung unter den (potenziell) partizipativen Fallbesprechungen stellt die in den vergangenen Jahren prominent gewordene sogenannte »ethische Fallbesprechung« dar (vgl. Klinkhammer, 2009), die in verschiedenen medizinischen Kliniken zur Anwendung gebracht wird (besonders aber in Onkologie oder Hospiz bzw. in Zusammenhängen von Patientenverfügungen). Der Grundgedanke liegt dabei darin, dass die an der Behandlung Beteiligte unter potenzieller Einbindung von Patientinnen und deren Angehörigen über Behandlungsmodalitäten, -alternativen und -empfehlungen auseinander setzen. Dabei geht es gleichwohl weniger um eine gesonderte Dimension des Fallverstehens, sondern um das diskursive Erarbeiten eines Behandlungskonzepts im eher rationalen, medizinethische Aspekte einbeziehenden Sinn.

Ich komme zum zweiten fraglichen Punkt, der Besonderheit der Stationsversammlung im übergeordneten Rahmen der Besprechungsstruktur einer Klinik. Ohne Zweifel gehört eine solche zu den Grundpfeilern moderner psychotherapeutischer Krankenhausbehandlungen und folgt direkt einer grundlegenden Befürwortung eines Gedankens therapeutischer Gemeinschaft. Ihre Konzeption lässt sich ferner direkt aus Überlegungen zum szenischen Verstehen, zur Bühnenhaftigkeit des Behandlungsangebots und der vordringlichen Psychodynamik ableiten sowie aus dem Anerkennen des Werts der Selbstverantwortlichkeit eines »mündigen Patienten«. Gleichwohl erscheint eine unreflektierte Verabsolutierung in Richtung eines von zwei Extrempolen fatal: Weder sollte angenommen werden, eine Asymmetrie zwischen Behandelnden und Behandelten sei per methodischem Dekret schlicht aufzuheben, noch sollte eine Haltung vertreten werden, die den Patientinnen in der Stationsversammlung den Eindruck vermittelt, sie befänden sich in Anwesenheit der Behandelnden in der Situation einer Art »Einwegspiegel ohne Spiegel«, d. h. unter großgruppentherapeutischer Beobachtung ohne den für eine solche nötigen und schützenden methodischen Rahmen.

Um das Bild von Realitäts- und Fantasieraum wieder aufzunehmen, das sich im Kapitel 2.2 zwar nicht als Zuordnung zu einzelnen Berufsgruppen und deren Aufgaben als nützlich, aber doch als Kennzeichnung zweier ineinander greifender Bereiche stationären Arbeitens erwiesen hat: Die Möglichkeiten, im Rahmen und in der Folge einer Stationsversammlung an unbewusst konflikthaften Szenen zu arbeiten, sind aus zwei Gründen begrenzt. Erstens ist der Zugang zur »situativen Struktur« (▶ Kap. 4.2) der aktuellen Szene, die diese mit anderen Szenen teilt, ungleich komplexer in einer Gruppe mit 10 bis 20 Patienten, und damit verknüpft fehlen auch der methodische Rahmen und das Setting zum überindividuell plausibel nachvollziehbaren Vorgehen dafür. Zweitens ist die Stationsversammlung explizit ja gerade zur Klärung der realitätsbezogenen Aspekte des Zusammenlebens in einer Klinik vorgesehen und für diese Elemente fehlte der Raum, wenn das Geschehen in erster Linie szenisch aufgenommen oder gar gedeutet würde. Die *Wahrnehmung* der Äußerungen unbewusst konflikthafter Szenen bzw. eines Aufnehmens realitätsbezogener Aspekte auf individuell konflikthafte Weise sollte allerdings auch in der Stationsversammlung gleichsam »mitlaufen«.

117

5.4 Das Verhältnis der Fallbesprechung zur Supervision

Ich habe für die Konzeption einer Fallbesprechung argumentiert, die einer Leitungs-/Moderationsstruktur bedarf, diese aber gleichsam aus sich selbst heraus und im Sinne einer Funktion statt eines Amtes entwickeln kann als eine selbst-supervisorische Funktion des Teams, wie ich es oben genannt habe. Damit ist die Frage aufgeworfen, wie das Verhältnis zwischen strukturierter Fallbesprechung und externer Supervision verstanden werden kann. Ich habe ebenfalls bereits darauf hingewiesen, dass es im Wesen der »Selbstanalyse« liegt, nicht über ihre eigenen Grenzen hinausgehen zu können. Anzunehmen, ein Team könnte hinsichtlich seiner Selbstreflexion auf einen Außenblick verzichten, wäre nicht nur eine Selbstüberschätzung, sondern auch gefährlich, gerade in der Arbeit mit szenischem, unbewusst konflikthaftem Material. Wenn nun einerseits die Fallbesprechung durch die hier vorgeschlagene Konzeption im Alltag etwas davon leisten können soll, was sonst in der Supervision gelingt, welches sind dann deren gesonderte Bereiche?

Zum einen ist es als ein wichtiges Feld der externen Supervision auszuweisen, als *Team*supervision zu fungieren (vgl. z. B. Becker, 1995; Graf-Deserno & Deserno, 1998; Möller, 2004, S. 43ff.). Die Moderationsaufgabe einer Fallbesprechung soll sich ja u. a. darauf richten zu gewährleisten, dass »patientenzentrierte Selbsterfahrung« (Balint) geschieht, d. h. dass die persönlichen Einfälle und auch die Reflexion der Gruppendynamik im Dienste des Fallverstehens stehen. Die Teamsupervision mit externer Supervisorin kann das methodisch an den Rand gestellt aufnehmen bzw. diejenige »Wahrnehmungseinstellung« einnehmen, die es mit der Eigendynamik des Teams zu tun haben will. Insbesondere bei Fallbesprechungen, die Teamkrisen zulassen, ist der Aufarbeitung des Geschehens in Behandlungen genügend Aufmerksamkeit zu widmen.

Zum anderen wird die externe Supervision auch als Fallsupervision benötigt, selbst wenn ein Team in seinen reflektierenden Kompetenzen gut beieinander ist. Denn der von Küchenhoff (1998) gegenüber dem integrativen Modell der stationären Behandlung geäußerte Einwand einer drohenden beständigen »Selbstbespiegelung« (▶ Kap. 2.2) kann durch eine ausgefeilte Verstehenskompetenz des Teams nur bedingt entkräftet werden: Es darf nämlich nicht übersehen werden, dass sich auch durch das reflektierende, Szenen verstehende Team (einschließlich der eigenen Teamszene) immer wieder eine neue Szene ergibt, etwa die des Teams, das seine Krisen aufarbeiten kann und patientenbezogen versteht. Szenisches Verstehen bedarf in allen Bereichen eines äußeren Regulativs, z. B. im Verlauf einer Behandlung im Anschluss an eine auf szenischem Verstehen basierenden Deutung, aber eben auch im Hinblick auf die Supervision des Fallverstehens durch eine externe Person (vgl. zu Teamarbeit und Supervision auch Oevermann, 1993, oder Mattke, 2004).

5.5 Bildung eines Behandlungsfokus

Als ein Beispiel dafür, wie die bisher »Bündelung« genannte reflektorische Perspektive auf das Geschehen und den Verlauf einer Fallbesprechung aussieht, kann die Bildung (bzw. Anpassung) eines psychodynamischen Behandlungsfokus' hinzugezogen werden. Ich skizziere knapp dessen Grundgedanken, wie er von Klüwer (1985) oder Lachauer (z. B. 2012) beschrieben wird, und zwar als Ergebnis einer Gruppenarbeit (vgl. für eine Alternative auch die Fokusbildung im Rahmen der Heidelberger Umstrukturierungsskala, die direkter auf Veränderungsmessung abzielt; Arbeitskreis OPD, 2006, S. 353f.). Lachauer (2012, S. 37; Hervorh. aufgeh. TS) beschreibt das von ihm so genannte »Dreieck der Einsicht«: »1. Symptomatik und Auslöser – 2. Biographische Details – 3. Szene mit Übertragung und Gegenübertragung«. Da raus würden Annahmen über »[v]ermutete Konfliktbereiche« entwickelt. Vor dem Hintergrund einer solchen psychodynamischen Diagnostik (die eben auch in einer Fallbesprechung denkbar ist) wird in einem ersten Satzteil die leitende Symptomatik bzw. das »aktuelle

119

Hauptproblem« formuliert, also z. B.»Ich quäle mich mit Grübeleien und empfinde bei kaum noch etwas Freude«. In einem zweiten Satzteil, der sich meist mit »weil« oder »so dass« anschließt, wird eine Hypothese über die zugrundeliegenden unbewussten und/oder konflikthaften Motive dafür gegeben, also z. B.»...weil ich nur so die Schuldgefühle bewältigen kann, die ich angesichts der Fantasien über meine für Andere zerstörerische Lebendigkeit habe«.

Folgt man einmal mehr den Überlegungen zu Strukturniveau (und dessen Integriertheit), Objekterleben und Abwehrstruktur derjenigen Patientinnen, für die eine stationäre Therapie indiziert ist, dann ist auch hier ersichtlich, weshalb das Ziel einer solchen Fokusformulierung in besonderer Weise durch ein Team erreicht werden kann. Dieses, so ist deutlich geworden, vermag idealerweise fragmentierte Beziehungsaspekte zusammenzubringen. Auf diese Weise erscheint eine potenzielle Sinnhaftigkeit der Symptomatik, die im Übrigen innerhalb gewisser Grenzen auch *Angriffe* auf Sinn und Bedeutung einzubegreifen vermag (vgl. Angehrn, 2010; Küchenhoff, 2013; Storck & Warsitz, 2016), etwa in einem Fokus wie »Ich vermittle den Eindruck von Beziehungsunfähigkeit und vermeide im Kontakt Innerlichkeit, Emotionalität und persönliche Bedeutung, weil eine solche radikale Abgrenzung der einzige Weg ist, wie ich mich meiner eigenen Grenzen sicher sein kann« (vgl. für die Psychosomatik Storck, 2016a).

Lachauer (2012) hebt explizit hervor, wie die Fokusbildung über die Funktion für eine Fokaltherapie hinausgeht und auch für Prozesse in Langzeitbehandlungen bedeutsam ist, nämlich im Umgang mit Behandlungskrisen. Auch diese Bedeutung des Fokalsatzes oder Fokus' macht ihn geeignet für die Fallbesprechung im hier entwickelten Sinn: Nicht nur im Zusammenhang einer Behandlungsplanung nach Aufnahme eines Patienten ist ein Fokus leitend, sondern er stellt auch das Ergebnis der Auseinandersetzung mit im Verlauf einer Fallbesprechung auftauchenden Teamszenen/Teamkrisen dar – insofern nämlich, als dann die Fallbesprechung dem Zweck dienen kann, einen Behandlungsfokus anzupassen.

In der Darstellung der Behandlung und Fallbesprechung Frau J.s (▶ Kap. 2.5 und 4.7) war vom Team als Behandlungsfokus »Ich bin auf der Suche nach einer inneren und äußeren Beziehung, aber ich habe Angst, dass ich's nicht halten kann« erarbeitet worden. In dieser Art von Fokalsatz ist einerseits, auf der Ebene der Beschreibung der Symptomatik, dem Umstand Rechnung getragen, dass es sich um eine eher strukturbezogen beschreibbare Problematik handelt (»auf der Suche nach einer inneren und äußeren Beziehung«). Andererseits konkretisiert der zweite Teil des Satzes eine mögliche unbewusste Bedeutung der Inkontinenzsymptomatik und bezieht diese auf das »etwas halten können« in Beziehungen und der Ich-Identität. Die darin erwähnte Angst ist so als eine Angst vor Fragmentierung und Verletzung zu verstehen. Eine Anpassung dieses im Anschluss an die Aufnahmefallbesprechung durch das Team entwickelten Behandlungsfokus' geschieht nicht – es kann eher davon gesprochen werden, dass das Zentrale des »Halts« sich auch im weiteren Verlauf der Behandlung und insbesondere der oben dargestellten Fallbesprechung als bedeutsam bestätigt findet: Frau J. verliert in Bus/Bahn den Halt, die Darstellung des Geschehens durch die Krankenpflegerinnen erfolgt haltlos, ohne genügend konkreten Anhalt in der Realität (es lässt sich nicht klären, wie es gewesen ist) und schließlich wird auch der Drang thematisch, sich in Krisen an konkrete Anweisungen und Beschriftungen von Notfallknöpfen zu halten. Die Fallbesprechung hat in diesem Fall also eher den Nutzen gehabt aufzuzeigen, welche Sehnsüchte es bei Frau J. gibt, sich emotional gehalten zu fühlen, aber auch welche Ängste damit verbunden sind: Wenn sie sich fallen lässt, wird sie fallen gelassen. Wichtig ist, dass im Fokus sowohl die Symptomatik als auch auf Biografie als auch die Szenen der Behandlungsbeziehung verdichtet zum Ausdruck kommen.

5.6 Typische Teamkonstellationen

Ich werde im abschließenden Teil des Buchs zu einigen Aufgaben für die Forschung im Bereich der Fallbesprechungen bzw. der Teamarbeit in der stationären Psychotherapie zu sprechen kommen. Dazu gehören

Untersuchungen zur empirischen Konkretisierung und Modifizierung des hier vorgeschlagenen Modells sowie Vergleichsstudien zu Arbeitsweisen anders organisierter Teams (▶ Kap. 7.5). Ein wesentliches, noch ausstehendes Ergebnis der Forschung betrifft ferner wiederkehrende Teamkonstellationen. Im Weiteren möchte ich auf der Ebene eigener klinischer Erfahrung und konzeptgeleiteter Erwartbarkeit einige typische Teamkonstellationen beschreiben, die als Orientierungspunkt für die Praxis und Ausgangspunkt für weitere Forschung dienen sollen. Es sind damit jeweils situative Gruppenphänomene gemeint, die sich in Teamszenen/Teamkrisen konkretisieren. Auch wenn spezifische Teams durch persönliche Eigenarten der einzelnen Mitglieder und durch die Ausrichtung der Institution geprägt sind, sind mit den folgenden Charakterisierungen allerdings solche gemeint, die sich aus der Aufnahme der Dynamiken in den Behandlungsbeziehungen einzelner Patientinnen ergeben. Ohne Zweifel ist ferner zu beachten, dass sich hier keine festen linearen Beziehungen oder gar Vorhersagbarkeiten ergeben; ein Nachdenken über typische Teamkonstellationen enthebt ein Team im Einzelfall nicht davon, dessen spezifische Psychodynamik und deren Ausdruck in der Teamgruppe nachzugehen!

Das zerstrittene Team: Es ergibt sich in der Teamgruppe die Bildung zweier Teilgruppen, die unterschiedlicher Meinung sind, was sich auch dahingehend intensiviert, dass es affektiv in der Diskussion hoch hergeht. Es entsteht der Eindruck, die jeweils anderen von der eigenen Auffassung überzeugen zu müssen. So streitet sich etwa ein Team darüber, ob das Leid und die psychische Not eines Patienten besonders gut einfühlbar sind und er trotz heftiger affektiver Ausbrüche im Kern als liebens- oder schützenswert erlebt wird, oder ob derselbe Patient nicht eher eigentlich manipulativ oder destruktiv ist und wohlmeinende Hilfsangebote nahezu absichtsvoll immer wieder unterläuft. Die Verbindung zwischen dem zerstrittenen Team und der Behandlungsdynamik lässt sich über Spaltungsmechanismen beschreiben: Hier kommt ein Risiko des »Spaltungsangebots« der Klinik (angesichts der verschiedenen Behandler und deren Behandlungssettings) und eine Abwehrstruktur im Sinne vorherrschender Spaltungsmechanismen auf Seiten einer Patientin leicht zusammen. Hier wird auch die potenziell integrierende Aufgabe des Behandlungsteams deutlich, hat es doch für den Patienten eine wichtige psychische Funktion, die »guten« von den »schlechten« Beziehungen (und darunter liegend die guten und die schlechten Aspekte der Vorstellung von Selbst und Anderen) auseinander zu halten. Der Druck auf das Team, hier »mitzuspielen«, ist hoch, ebenso wichtig ist die Aufgabe, das eigene Zerstrittensein (bis hin zu dessen Verdichtung in einer Teamkrise) dahingehend reflektieren zu können. Ohne Zweifel ist zu beachten, dass sich hier keine feste diagnostische Zuordnung oder Folgerung ergibt: Es ist nicht gesagt, dass die Zerstrittenheit eines Teams die Schlussfolgerung auf eine Borderline-Diagnose einer Patientin. Sie dient vielmehr der psychodynamischen Hypothesenbildung über das, was sich aus der Behandlung in der Teamgruppe zeigt (und das gilt selbstverständlich auch für die übrigen Teamkonstellationen).

Das gelangweilte/einfallslose Team: Ein Team kann im Verlauf einer Fallbesprechung auch dadurch gekennzeichnet sein, dass sich eine Stimmung von Langeweile oder Einfallslosigkeit ausbreitet und es schwer fällt, die Zentrierung auf den jeweils ausgewählten Fall aufrecht zu erhalten. Beides, die einfallslose Leere und das Abschweifen, können als Hinweis auf eine Schwierigkeit der Behandlungsbeziehungen (und mittelbar über die Art der Beziehungsgestaltung auf Seiten des Patienten) genommen werden, die damit zu tun hat, dass sich ein Kontakt schwer herstellt oder schwer aufrecht erhalten werden kann. In den meisten Fällen wird sich dies als im Zusammenhang damit stehend erweisen, dass Nähe angesichts starker Ängste vor Unabgegrenztheit vermieden bzw. attackiert werden muss (in der Terminologie Bions, 1959, ist das als die Figur der »attacks on linking« bezeichnet worden). Ein dann gelangweiltes oder einfallsloses Team würde einen (abwehrbedingten) Teil der Beziehungsgestaltung der Patientin aufgenommen haben, der sich gegen Verbindungen oder affektive Lebendigkeit richtet. Es liegt auf der Hand, dass die Einfallslosigkeit hier auch einen Schutz vor einem Einfall bedeutet, d. h. dem Einfallen affektiver Überflutung, in erster Linie im Sinne einer unstrukturierten Erregung (Aggression, Angst).

123

Das alberne Team: Eine andere Form der atmosphärischen Teamkonstellation betrifft eine auffällig heitere Stimmung, die sich meiner Erfahrung nach besonders leicht am Freitagmittag einstellt, etwa indem auf die kuriosen Aspekte einer Behandlung oder eines Patienten fokussiert wird. Dass ein Team, das Witze reißt, damit auch die Aufgabe einer »Psychohygiene« wahrnimmt, ist leicht nachvollziehbar. Darüber hinaus kann in vielen Fällen eine der Heiterkeit zugrundeliegende aggressive Dynamik angenommen und auf ihre Herkunft in den Behandlungsbeziehungen geprüft werden: Im Scherz sei vieles erlaubt, was sonst nicht der Fall ist, laut Freud (1915e, S. 363) sogar, die Wahrheit zu sagen, es steckt in vielen Witzen eine legitimierte Form der Aggressionsäußerung. Ein über die Behandlung witzelndes Team verschafft sich Distanz gegenüber der Schwere einer Behandlung und findet einen Weg, reaktiven aggressiven Impulsen gegenüber einer Patientin eine Form zu geben. Auch geht es hier darum, eine Abfuhrmöglichkeit für aggressive Impulse zu finden, die vom Patienten kommend identifikatorisch aufgenommen wurden. Eine zweite Facette des albernen Teams zeigt sich, wenn man in Betracht zieht, dass Witze etwas Lustvolles transportieren und/oder bewirken. Die Albernheit eines Teams ist, neben der aggressiven Dimension, immer auch auf seine sexualisierende Dimension zu befragen und dies wiederum sowohl in die Richtung einer Sexualisierung als Gegengewicht zu destruktiven, aggressiven Elementen der Behandlungsbeziehung, als auch in Richtung eines solcherart verführten Teams.

Das unterbrochene Team: Ein wiederkehrendes Phänomen in Fallbesprechungen, so sehr der Nutzen einer verbindlichen Struktur im o.g. Sinn auch anerkannt und umgesetzt wird, ist die Häufung von Unterbrechungen. Ohne Zweifel ist es ein Merkmal von Akutstationen (und nicht nur diesen), dass sich wichtige Ereignisse und zu treffende Entscheidungen nicht nur um die feste Zeit einer Fallbesprechung herum gruppieren (im Gegenteil ist es sogar ein bekanntes Phänomen, dass z. B. Inszenierungen von Selbstverletzung gerade zu Zeiten von Teamsitzungen ereignen, vermutlich als eine Kompromissbildung daraus, die Aufmerksamkeit vieler (wieder) auf sich zu lenken, und daraus, einen festen Rahmen der gesammelten Teamkompetenz in der

Krisenbewältigung zu haben). Lässt man in konzeptueller Sicht außen vor, dass es sich um Einbrüche der Behandlungsrealität handelt, die eben auch real beantwortet werden müssen (wenn etwa der Amtsrichter zur Prüfung eines Unterbringungsbeschlusses zur Zeit der Fallbesprechung in einer psychiatrischen Klinik eintrifft, wird nicht einfach nur im Anliegen des szenischen Verstehens geprüft, wie man das verstehen kann, sondern ein bis zwei Mitarbeiterinnen verlassen die Besprechung), dann kann der Bedeutung des Unterbrochenseins prüfend nachgegangen werden. In vielen Fällen dürfte es ertragreich sein, die Häufung von Unterbrechungen als eine Darstellung dessen zu begreifen, wie schwer es ist, Verbindungen aufrecht zu erhalten. Sich in etwas zu vertiefen, ein kohärentes Bild zu erhalten oder in eine Kooperation bei etwas zu gelangen, das nicht wiederholt auf knappe Zeitausschnitte beschränkt ist, stünde dann in Beziehung zu einer bestimmten Struktur des Psychischen und Interpsychischen des betreffenden Patienten. Das kann entweder sein, dass sich in der unterbrechungsreichen Fallbesprechung Fragmentierungserleben einer Patientin zeigen, oder auch, dass lauter andere Alarmsignale eines Patienten den Raum nehmen, der für ihn gedacht war. Hier ist darüber hinaus nochmals der Hinweis unerlässlich, dass es nicht um ein Entweder-Oder hinsichtlich der »realen« Bezogenheit von etwas und einer möglichen patientinnenbezogenen psychodynamischen Lesart gehen soll: der Grund einer Unterbrechung ist ein konkreter, in aller Regel nicht oder schwer vermeidbarer. Das ist aber ebenso wenig ein Anlass dafür, z. B. ein wiederholend klingelndes Telefon nicht als Bild für ein Leben voller Erregungsnotfälle und ohne Räume der Beruhigung zu nehmen, wie eine psychodynamische Lesart einer Unterbrechung dazu führt, den realen Anlass als nur in dieser Hinsicht relevant zu betrachten. Im ersten Fall würde eine Behandlung es schwer haben, andere als die rational ersichtlichen Elemente der Behandlungsbeziehungen in den Blick zu nehmen, im zweiten Fall zu einer Karikatur psychodynamischen Denkens werden, in der die äußere Realität nur dem Zweck diente, Unbewusstes darzustellen.

Das Team mit Außenseiter/-in: Ferner stellt sich gelegentlich eine Teamkonstellation her, in der szenisch eine Person aus dem Team an den Rand gedrängt wird bzw. eine Haltung zum Patienten einnimmt, die von keinem anderen Teammitglied geteilt wird. Offenkundig bedarf es einer hohen reflektierenden Kompetenz, aus einer solchen Position heraus zu äußern, man sehe es anders, ohne dass bereits beantwortet werden könnte, weshalb und was das zu bedeuten haben könnte. Eine solche szenische Außenseiterrolle kann sich sowohl am Pol entwickeln, als einzige/-r Sympathie für eine Patientin zu spüren, als auch am Pol, als einzige/-r genervt zu sein oder einen ablehnenden Impuls zu spüren. Zurückführbar ist das in einigen Fällen von Patientinnen auf eine Art, Beziehungen zu führen, die gegenüber einzelnen eine hohe Exklusivität hat, so dass nur für eine einzige Person einfühlbar wird, worum es einer Patientin innerlich geht. Ein solches dyadisch-symbiotisches Muster kann charakteristisch für einige Behandlungen von Patientinnen mit psychosomatischer Erkrankung sein, dann eher in Richtung dessen, im Team nur einen Vertrauten oder eine Vertraute zu haben, als primäre, aber auch solitäre Bezugsperson, die einzig mitfühlend sein kann. Der Gegenpol dessen, dass ein Patient von allen gemocht wird und nur ein Teammitglied das nicht teilen kann, kann sich vornehmlich zeigen, wenn es psychodynamisch um passiv-aggressive Beziehungsformen geht, die leicht überformt werden und die nur eine/-r zu spüren kriegt. Dieser Person obliegt es teamdynamisch dann, Einspruch erhebend »Aber da gibt es noch etwas anderes…« zu sagen.

Die Aufstellung typischer Teamkonstellationen ist damit selbstverständlich nicht abgeschlossen und außerdem ist zu sagen, dass eine empirische Prüfung und Weiterentwicklung einer solchen Typologie noch aussteht. Schließlich ist bei alldem auf habituelle Muster eines Behandlungsteams zu achten. Ein auch jenseits der einzelnen Fallbesprechung *eigendynamisch* zerstrittenes Team würde andernfalls ausschließlich spaltende Borderline-Patientinnen auf der Station haben…

5.7 Fallbeispiele

Alle bisher angeführten Beispiele für Fallbesprechungen bzw. einzelner Aspekte darin können als Konkretisierungen der im vorliegenden Kapitel gegebenen Zusammenfassungen und Praxisempfehlungen aufgefasst werden. Ich werde daher zwei Beispiele für typische Teamkonstellationen geben.

Ich hatte bereits die Behandlung Herrn I.s erwähnt (▶ Kap. 3.5), der initial einen »blendenden« Eindruck bei den Behandelnden erweckt hatte, aber auch den eines »Blenders«, bei dem anfangs nicht so ganz klar war, ob er unbewusst inszeniert oder bewusst manipuliert. Während der ersten Behandlungswochen war die Konstellation eines »albernen Teams« bzw. genauer eines Teams in sexualisierter Atmosphäre zu beobachten. In Fallbesprechungen, auch in solchen, in denen nicht Herr I.s Behandlung als zu besprechende ausgewählt worden war, berichteten die (meist weiblichen) Teammitglieder von der Attraktivität des Patienten, machten Witze darüber, was soweit ging, dass es wie eine Konkurrenzsituation der Behandelnden wirkte, wer die Gunst des Patienten erlangen würde (vor allem im Hinblick darauf, wem er sich persönlicher zeigte). Hinsichtlich des Rahmens war auffällig, dass es schwer fiel, die zeitliche Struktur einzuhalten: Besprechungen am Freitagnachmittag, nachdem die Patienten bereits ins Wochenende verabschiedet worden waren und eigentlich der Feierabend für die meisten der Behandelnden anstünde, wurden entgrenzt. Die Albernheit und Sexualisierung (gerade unter Einbezug dessen, dass nach den ersten Wochen der Behandlung an deren Stelle der Eindruck trat, Herr I.s sei »leerer« als anfangs vermutet und habe »weniger zu bieten«) konnten erkannt werden als der Weg Herrn I.s, in Beziehung zu treten: als eine strahlende, attraktive und männliche Figur, die Äußerlichkeit und sexualisierte Verführung zur Kontaktaufnahme nutzt, bei der über andere Wege intimer Beziehung aber große Verunsicherungen herrschen, einschließlich der Angst oder gar Erwartung, in anderen Aspekten der Beziehung nichts zu bieten zu haben und verlassen zu werden.

127

Auch die Behandlung Herrn F.s habe ich bereits erwähnt (▶ Kap. 3.5): Es war um den Patienten gegangen, der durch seine Angst- und Paniksymptomatik (begleitet von funktionellen Magen-Darm-Beschwerden) auf seine Mutter als Begleiterin beim Einkaufen oder dem Nutzen öffentlicher Verkehrsmittel angewiesen war. Ich hatte ebenfalls schon auf etwas hingewiesen, was sich nun deutlicher als die Teamkonstellation eines »Teams mit Außenseiterin« beschreiben lässt. In Fallbesprechungen zur Behandlung Herrn F.s wiederholte es sich, dass seine ärztliche Bezugstherapeutin die Einzige im Team war, deren Blick auf ihn wohlwollender, optimistischer und von Sympathie getragen war. Die übrigen (auch hier in überwiegender Mehrheit weiblichen) Teammitglieder zeigten sich genervt bis entwertend gegenüber Herrn F., der als ungepflegt, unmotiviert und läppisch erlebt wurde. Er trage, so der einhellige Eindruck, ein immenses Maß an Behandlungswiderstand vor sich her, der ihm allerdings kaum zugebilligt wurde, eine wirkliche Veränderungsmotivation wurde ihm abgesprochen. Dem stand seine Bezugstherapeutin gegenüber, die aus Einzelgesprächen mit ihm berichtete, er zeige sich selbstreflektiert und in Not und »mache gut mit«. Dies erscheint vor dem Hintergrund einer Annahme früher Triangulierungsschwierigkeiten (der Vater, der nach der Trennung von der Mutter seine Teilnahme an Elterngesprächen in einer Kinderpsychotherapie seines Sohnes mit den Worten ablehnte »Was soll ich denn da, ich habe doch mit ihm nichts mehr zu tun…«) folgerichtig: Es gibt nur die *eine* Beziehung, die hilfreich ist und benötigt wird, alle weiteren würden Trennung schaffen. Neben Gründen, in der Dyade zu verbleiben, lassen sich auch Gründe dafür finden, wie eine Beziehung zum Dritten schlicht unvorstellbar erscheint.

6 Von der Fallbesprechung zur therapeutischen Intervention

Unter den offenen Forschungsthemen zur Fallbesprechung gehört der bislang wenig berücksichtigte Aspekt, wie der Weg vom Teamverstehen in einer Fallbesprechung zur therapeutischen Intervention in der stationären Psychotherapie aussieht. Was hat eine Patientin davon, dass ihr Behandlungsteam ihre Dynamik und ihre Teamkrisen versteht? Wie halten Verstehensprozesse Einzug in den Behandlungsprozess?

Ich werde im Weiteren skizzenhaft drei möglichen Formen oder Stile therapeutischer Arbeit im stationären Setting in ihren Anschlussmöglichkeiten an das Ergebnis einer im hier entwickelten Sinn abgehaltenen Fallbesprechung darstellen. Dem ist eine kurze Erörterung dazu vorzuschalten, welches die grundlegenden Grenzen strukturbezogener Veränderungsarbeit im stationären Setting sind.

6.1 Die Grenzen der Veränderung

Im Kapitel 3 ist bereits deutlich geworden, dass zum einen einige Konzepte der psychoanalytisch orientierten Behandlungstechnik und Veränderungstheorie für das stationäre Setting eine Neubewertung erfahren müssen (Regressionsförderung, Übertragung, Abstinenz). Ebenso ist zum anderen deutlich geworden, dass die Arbeit an psychischer Veränderung (die angesichts der behandelten Patientengruppe in erster Linie eine strukturelle ist) zwar nicht aufgrund einer grundsätzlichen

Kontraindikation analytischen Arbeitens, so aber doch aufgrund der kurzen Behandlungsdauer von nur wenigen Wochen begrenzt bleiben muss. Vor dem Hintergrund des seitdem zur Fallbesprechung im engeren Sinn Entwickelten ist nun zu ergänzen, dass das szenische Material und die Verstehensversuche einer Fallbesprechung potenziell ungleich umfangreicher und weitreichender sind als die realistischen Möglichkeiten der Arbeit an früheren und aktuellen Beziehungserfahrungen und deren psychischer Repräsentation auf Seiten der Patientinnen. Das soll heißen: In einer Fallbesprechung nähert sich ein Team hochverdichteten Szenen an, die nicht nur im Hinblick auf geeignete, teilbehandlungssettingspezifische Interventionen »heruntergebrochen« als auch der möglichen Reichweite einer in aller Regel nur bis zu zehnwöchigen Behandlung angepasst werden müssen.

Die Funktion und Möglichkeiten einer stationären Behandlung liegen, und das ist nicht besonders wenig, in der Vorbereitung und günstigenfalls Einleitung einer ambulanten Behandlung. Dazu nutzt sie, wie erwähnt, das multiprofessionelle und multimodale Setting und greift in ihrer Struktur diejenigen strukturelle Problematiken (hier als Objekterleben und Abwehrstruktur beschrieben) auf, die sich bei den behandelten Patienten vorrangig zeigen. In dieser Hinsicht ist stationäre Psychotherapie nicht nur sinnvoll und konzeptuell schlüssig begründbar, sondern dürfte in nicht wenigen Fällen gerade die *Voraussetzung* einer ambulanten Therapie sein, sowohl im Hinblick auf das Erarbeiten einer Behandlungsmotivation für eine mehrjährige Behandlung als auch im Hinblick auf eine, so könnte man sagen, strukturelle Grundlegung, die es jemandem ermöglicht, angstfreier in die intensivierte therapeutische Beziehung im Zweier-Setting einzusteigen.

Zu deuten ist nicht in einem genetischen Sinn (d. h. im Sinn eines Herstellens einer Verknüpfung der aktuellen mit infantilen Szenen) und auch nur im eingeschränkten Sinn im Hinblick auf Übertragung und Gegenübertragung, sondern eher im Hinblick auf aktuelle Formen der Beziehungserfahrung und -gestaltung.

Für ein Behandlungsteam ergibt sich dabei die Empfehlung, weniger *Veränderung* auf den Weg bringen zu wollen, sondern Veränderungs*möglichkeiten* zu schaffen. Ich komme damit zu den angekündigten drei Stilen von Veränderungstechniken, die in diesem Sinn zu bewerten

sind. Dabei ist zu beachten, dass sie eine Fokussierung des in einer
Fallbesprechung Verstandenen darstellen sollen.

6.2 Containment

Als Erstes ist dabei auch deshalb die psychoanalytische Arbeit des
Containments zu nennen, weil sich dies am ehesten im Sinne einer aufnehmenden Haltung, die sich u. U. aus einer gelingenden Fallbesprechung erst ergibt, beschreiben lasst, ohne dass unmittelbar weiterei-
chende Interventionstechniken erarbeitet oder angewandt werden
müssten.

Der Begriff des Containments (bzw. des Begriffspaares von contai-
ner – contained) stammt ebenfalls von Bion (1962b), der damit eine
mütterliche und analytische Funktion zu beschreiben versucht, in welcher »rohes« sinnliches/affektives Material der Analysandin, das noch
keine psychische Repräsentation erfahren hat (bei Bion sogenannte
Beta-Elemente), vom Analytiker aufgenommen wird. Der Analytiker
stellt der Analysandin zur Verfügung, was Bion seine Alpha-Funktion
nennt, ein psychisches Vermögen, unstrukturierte Erregungszustände
gleichsam auszuformen, d. h. eine psychische Form oder Repräsentation zu geben, eine (erste) Stufe von Symbolisierung (d. h. die Bildung
von Alpha-Elementen im Sinne Bions, das Material von Denkprozes-
sen). »Containment« bedeutet also auf Seiten des Analytikers eine aufnehmende Haltung (auch formuliert in Winnicotts, 1960, Begriff des
»holding«), getragen von einer Toleranz für intensive affektiv-triebhaf-
te Spannungszustände, sowie das Vermögen, stellvertretend für die
Analysandin etwas davon zu »denken« Denken meint hier nicht notwendigerweise eine sprachliche Elaboration, sondern in einem grund-
legenderen Sinn eine Formgebung (vgl. a. Warsitz, 2014), so dass etwas eingebunden sein kann in eine aufgefächerte Welt von Selbst,
Anderem, Beziehung und Affekt. Das dient als Grundlage einer Inter-

vention, allerdings ist das Containment selbst noch nicht Teil der Formung einer Deutung.

Es kann für die stationäre Behandlung und die Stellung der Fallbesprechung darin dafür argumentiert werden, dass auch eine gelingende Fallbesprechung, an deren Ende nicht die konkrete Einsicht steht, welche Intervention in welchem Teil der Behandlung einer Patientin bei nächster Gelegenheit zu geben ist, sich in einer Veränderung der Behandlungsbeziehungen äußert. Es ist sogar davon als dem Regelfall auszugehen. Das lässt sich darüber beschreiben, dass Verstehensprozesse eines Teams im Rahmen der Fallbesprechung die Art und Weise verändert, in der Einzelne über eine spezifische Behandlung denken und diese erleben. Das Erkennen zum Beispiel, dass sich ein Behandlungsteam über einen Patienten zerstreitet und dass dies mit einer (unbewussten) Spaltung und Trennung in gute und schlechte Beziehungen bzw. das Einbringen nähesuchender und nähezerstörender Aspekte durch den Patienten zu tun hat, färbt den nächsten behandlerischen Kontakt zu diesem. Das Verstehen schlägt sich in einer veränderten Haltung nieder und dies jeweils professionsspezifisch als auch bezogen auf die damit korrespondierenden Behandlungssettings – zudem erweitert das Verstehen die (vorbewusste) Bereitschaft zum Containment. Dieses stellt damit weniger eine Alternative zu den folgenden, interventionsbezogenen Stilen oder Strategien dar, sondern deren Grundlage bzw. es bildet eine Brücke zwischen Verstehensprozessen und Behandlungstechniken, sei es nun in der Gestaltungstherapie oder psychotherapeutischen Gruppen.

6.3   Übertragungsfokussierte Psychotherapie

Anhand der Einwände und Konzeptionen Kernbergs zu analytisch ausgerichteter Behandlung im stationären Rahmen (▶ Kap. 2.3) lassen sich deren besondere Schwierigkeiten und Möglichkeiten gut nachvollziehen, oben ist dies insbesondere in der Diskussion der Bedeutung der

Regression deutlich geworden. In diesem Licht ist zunächst einmal auch zu beachten, dass Kernbergs Konzeption einer übertragungsfokussierten Psychotherapie (transference-focused psychotherapy; TFP[17]) in seiner intendierten therapeutischen Reichweite (strukturelle Veränderung) für den stationären Rahmen angesichts von dessen begrenztem zeitlichen Rahmen nicht in Gänze zum Tragen kommen kann. Ich werde im Anschluss an eine knappe Darstellung jedoch einige Anwendungsbereiche der Techniken für den stationären Rahmen diskutieren (insbesondere im Rahmen von spezialisierten Stationen; vgl. für ein für den stationären Bereich angepasstes Behandlungskonzept Dammann et al., 2016; für integrierte Konzepte zwischen TFP und der Dialektisch Behavioralen Therapie DBT z. B. Sollberger, 2015).

Die TFP entfaltet ihre Stärken im Rahmen ihres vorrangigen Indikationsbereichs, der Behandlung von Patienten mit Persönlichkeitsstörungen auf demjenigen Niveau der Persönlichkeitsorganisation, die Kernberg »Borderline-Organisation« nennt (vgl. z. B. Kernberg, 1984), d. h. im Wesentlichen der narzisstischen, antisozialen und Borderline-Persönlichkeitsstörung. Basierend auf der psychoanalytischen Objektbeziehungstheorie und Ich-Psychologie und unter Einbezug einiger Aspekte der Theorie Kleins entwickelt Kernberg seine Theorie und Behandlungstechnik bei schweren Persönlichkeitsstörungen. Dabei stehen pathologische fragmentierte Teil-Selbst-/Teil-Objekt-Dyaden im Mittelpunkt, unreife Abwehrmechanismen (Spaltung, Projektion, projektive Identifizierung) sowie eine fragile Ich-Identität bzw. Identitätsdiffusion (einschließlich unintegrierter Affekte, in erster Linie Wut und Hass). Die grundlegende Annahme der TFP liegt darin, dass die Arbeit mit denjenigen fragmentarischen, unintegrierten und sich in teils raschen Wechseln in der Übertragungsbeziehung aktualisierenden Teil-Selbst-/Teil-Objekt-Dyaden Veränderungen der Persönlichkeitsorganisation auf den Weg bringt. Dazu findet die Arbeit stärker im »Hier-und-Jetzt« der Beziehung statt als in klassischen psychoanalytischen Verfahren, denen es zwar auch um diese Dimension geht, aber unter

---

17 Im Kontrast zu tiefenpsychologisch fundierten Psychotherapie, für die sich das Kürzel TP als gebräuchlich ergeben hat.

stärkerem Einbezug der Regressionsförderung und einer genetischen Rekonstruktion (das ist allerdings zum Zeitpunkt der Entwicklung der Kernberg'schen Akzentuierung in den 1970er Jahren noch ein stärkerer Kontrast gewesen als heute). Im Zentrum der Deutungstechnik steht die Deutung der Aggression und ihr Ziel ist die Integration divergenter Selbst- und Objektrepräsentanzen. Als »strategische Prinzipien« der Behandlung werden genannt: »Definieren der dominanten Objektbeziehungen«, »Beobachten und Deuten der Rollenwechsel des Patienten«, »Beobachten und Deuten der Zusammenhänge zwischen sich gegenseitig abwehrenden und damit den inneren Konflikt und die Fragmentierung aufrechterhaltenden Objektbeziehungsdyaden« und »Integrieren der abgespaltenen Teil-Objekte« (Clarkin, Yeomans & Kernberg, 2006, S. 36ff.).

Das Ziel einer Veränderung der Persönlichkeitsorganisation im Hinblick auf reifere Abwehrmechanismen und reduzierte Identitätsdiffusion ist für eine stationäre Behandlung kaum zu realisieren. Auch eignet sich das Modell fragmentarischer Objektbeziehungsdyaden zwar gut für das Verständnis der Reinszenierungen auf der Bühne einer stationären Behandlung, die Möglichkeiten einer förderlichen Deutung im herkömmlichen Sinn in diesem Rahmen sind gleichwohl begrenzt. Anders stellt sich das Bild allerdings dar, wenn man den Charakter einer stationären Therapie als einer Krisenintervention und/oder Intervallbehandlung in Kombination mit ambulanter Behandlung in Betracht zieht.

Dann kann dem Hinweis von Clarkin, Yeomans und Kernberg (2001, S. 177) gefolgt werden, dass im stationären Rahmen die Ziele der sogenannten *Frühphase* der TFP realistisch erscheinen, unter denen u. a., genannt werden: »Stärkung der Fähigkeit, die Beziehung zum Therapeuten mit all ihren Affektstürmen aufrechtzuerhalten«, »Reduzierung von Suizidalität, Selbstdestruktivität sowie chaotischen und sozial unangemessenen Verhaltens außerhalb der Sitzung durch Wahrung des therapeutischen Rahmens«, »Reduzierung von sekundärem Krankheitsgewinn«, »Transformation von Handlung/Agieren in dominante Objektbeziehungen in der therapeutischen Beziehung«, »Herstellung eines Zusammenhangs zwischen Symptomen« oder »Verbesserung der allgemeinen Lebensbewältigung aufgrund der unterstützenden Stabilität der therapeutischen Beziehung und des Behandlungsrahmens«. So wird auch ein potenzielles Arbeitsbündnis für den ambulanten Rahmen vorbereitet (vgl. Buchheim et al., 2008, S. 313). Im günstigen Fall also macht die stationäre Behandlung für die Patientin erlebbar (und im Fall eines stationären Aufnahme aufgrund einer Krise bei bereits laufender ambulanter Behandlung: wieder erlebbar), dass Beziehungen belastbar und das eigene psychische Erleben für sie selbst und das Gegenüber aushaltbar sein kann.

Der Ansatz der übertragungsfokussierten Psychotherapie hat darin zweierlei Nutzen für stationäre Settings: Das zugrundeliegende theoretische Modell kann für ein Verständnis von Beziehungsinszenierungen und deren Auffächerung auf unterschiedliche Mitglieder eines Behandlungsteams hinzugezogen werden. Und ferner werden die Ziele und Modalitäten eines Therapiebeginns deutlich, d. h. der grundlegenden Etablierung einer Behandlungsmotivation und Toleranz für das Arbeiten in der Übertragungsbeziehung.

6.4　Mentalisierungsbasierte Therapie

Auch die mentalisierungsbasierte Therapie (MBT; vgl. z. B. Allen, Bateman & Fonagy, 2008) konzentriert sich in ihrer Konzeption auf die Behandlung von Patienten mit Borderline-Persönlichkeitsstörung. Die Grundzüge des Mentalisierungskonzepts können hier ebenso wenig nachgezeichnet werden wie ihre Bezüge zu (psychoanalytischen) Theorien von Symbolisierung oder Repräsentation (vgl. für einen allgemeinen Überblick über das Konzept Mentalisieren Schultz-Venrath, 2015; Taubner, 2015; zu den Bezügen zur französischen psychoanalytischen Psychosomatik vgl. Storck, 2017e).»Mentalisieren« bedeutet hier, sich das eigene Verhalten und das Verhalten anderer Personen als getragen von inneren Zuständen zu erklären, also von Gefühlen, Absichten oder Gedanken.

Die mentalisierungsbasierte Therapie setzt sich die Förderung des Mentalisierens zum Ziel. Dabei orientiert sie sich ähnlich konsequent wie die TFP am Hier-und-Jetzt der Beziehung (aber ebenso in Anerkennung der individuellen Geschichte, insbesondere im Hinblick auf frühe Bindungserfahrungen), wobei es etwa darum geht, gemeinsam mit einer Patientin zu erkunden bzw. sie in der Erkundung dessen anzuleiten und zu ermutigen, wie Affekte zustande gekommen sind, welche Alternativen zu einem verfestigten, aber dysfunktionalen Erklärungsmodell eines Geschehens es geben könnte und welche unterschiedlichen Sichtweisen. Dabei erklären etwa Allen, Bateman und Fonagy (2008) explizit, nicht mit dem Übertragungskonzept zu arbeiten, gleichwohl spielt die Aktualisierung (und Validierung) von affektiven Zuständen in der therapeutischen Beziehung eine entscheidende Rolle.

Im vorliegenden Zusammenhang ist die MBT insofern von Bedeutung, als zum einen ähnlich wie es für die TFP gesagt werden konnte, MBT im stationären Rahmen eine Art von Grundlegung des Vermögens bedeuten kann, ein beziehungstherapeutisches Arbeiten aufnehmen und fortsetzen zu können. Es ist aber auch insofern von Bedeutung, als zum anderen die Grundfigur, mentalisierungsfördernd zu intervenieren, eine deutlichere Brücke zwischen den Erkenntnissen einer Fallbesprechung durch ein verstehendes Team und den je professionsspezifischen Interventionen bauen kann. Anders gesagt: Es ist direkter konzeptualisierbar, was beispielsweise eine mentalisierungsfördernde Ergotherapie oder ein mentalisierungsförderndes Pflegegespräch ist, als es für den Bereich der analytischen Interventionen im engeren Sinn angegeben werden kann.

Ein mentalisierungsbasierter Ansatz in der Teamarbeit hat zwei wesentliche Elemente: Zum einen kann er eingesetzt werden, um dasjenige Ziel zu beschreiben, das sich ein Team in einer Fallbesprechung setzt: das Geschehen im Rahmen einer Behandlung *und* auch das Geschehen im Rahmen einer Teamsitzung als einen Ausdruck innerer Zustände aufzufassen (vgl. zur Mentalisierung in der Teamsupervision auch Kotte & Taubner, 2016). Zum anderen kann er direkt als Orientierungshilfe für professionsspezifische Interventionen fungieren. Was für den ersten Fall etwa die leitende/moderierende Person in einer Fallbesprechung tut, wenn sie sich an einer »Bündelung« entlang von Teamszenen/Teamkrisen versucht, ist, dazu anzuregen, das interpsychische Innenleben des Teams in den Blick zu nehmen (insofern sich darin etwas aus den Behandlungsbeziehungen ausdrückt) bzw. dazu eine Hypothese in den Raum zu stellen. Dazu bedarf es einer reflexiven Kompetenz des Teams (ein Leitbegriff der Mentalisierungstheorie im Hinblick auf die Operationalisierung des Mentalisierens). Und für den zweiten Fall würde es dann nicht darum gehen, dass alle Mitglieder eines Teams, das in einer Fallbesprechung ein Verständnis erarbeitet hat, auf die gleiche Weise intervenieren, sondern dass sie, mentalisierungsbasiert, Patienten in ihrem jeweiligen therapeutischen Medium dazu anregen, sich der Innerlichkeit von Beziehungen und Handlungen zuzuwenden (vgl. a. Storck & Taubner, 2017).

6.5 Fallbeispiel

Die Behandlung von Frau C. (▶ Kap. 2.5 und 4.7) kann auch hinsichtlich der Frage nach dem Verhältnis von Fallbesprechung und Intervention als Beispiel dienen. Zur Erinnerung: Frau C. war in die Behandlung gekommen aufgrund wiederkehrender Schwindelgefühle, eines Tinnitus und häufiger Kopfschmerzen. Sie lebt sozial sehr zurückgezogen, hatte noch nie einen sexuellen Kontakt und wirkt auf die Behandelnden farblos und löst wenig Ideen aus (das hatte sich in der Teamszene/Teamkrise geäußert, in der überrascht das Süße in der Schachtel entdeckt wird). Ein weiterer Aspekt der Dynamik der Behandlungsbeziehungen zeigt sich z. B. in der Gruppenpsychotherapie. Frau C.s zuständige Therapeutin berichtet davon, wie die Patientin oft andere Gruppenmitglieder unterbreche, deren Sätze vervollständige und mit der Formulierung »So geht es mir auch« ende. Ein zweites wiederkehrendes Phänomen, das sich sowohl in den Behandlungsbeziehungen in Einzelsettings (psychotherapeutisches oder pflegerisches Gespräch, Einzelkörpertherapie) als auch in Fallbesprechungen oder Dienstübergaben zeigt, ist, dass alle Teammitglieder sich nahezu dabei überschlagen, Frau C. Vorschläge dazu zu machen, was sie an sich oder ihrem Leben ändern könne: eine neue Frisur, eine Bauchtanzgruppe, eine Kontaktanzeige u. v. m. Im direkten Kontakt beantwortet Frau C. das zunächst meist mit Worten wie »Ja, das ist interessant« (was wie die höfliche und vermeidende Variante von »Mir doch egal« wirkt). In Fallbesprechungen wird seitens des Teams zwar erkannt, dass man sich hier abmüht, während die Patientin passiv bleibt bzw. dass man ihr eigene, gut gemeinte und gut geplante Ideen überstülpt (und so nah daran gerät, eine Gegenübertragungsposition der Eltern zu agieren), aber der Sog dahin bleibt stark: auf eine Metaebene der übergestülpten Vorschläge wird sogar der Gedanke entwickelt, ihr zu sagen: »Seien Sie doch mal spontan«... Hier ist zu erkennen, wie die Situation einer passiven, fremdbestimmten Frau C. entsteht, die es sich in einer solchen Position aber auch bequem macht, obwohl sie unter den Einschränkungen leidet und sich nicht glücklich fühlt.

Auf der Ebene der Intervention wäre hier eine geeignete Balance aus zwei Haltungen zu wahren: Zum einen benötigt Frau C. vermutlich die Hilfs-Ich-Funktionen ihrer Behandelnden dahingehend, ins Handeln zu kommen, zu Ideen angeregt zu werden etc. Zum anderen ist darin ein »chronisches« Enactment (▶ Kap. 2.4) zu sehen, in dessen Folge keine Veränderung möglich wird bzw. die Hilfs-Ich-Funktionen äußere bleiben statt dass ein konstruktiver Umgang mit Sexualität oder Aggression internalisiert wird. Frau C. im Rahmen der teilstationären Behandlung mögliche unbewusst-konflikthaften Bedeutungen ihrer aktuellen Lage zu deuten, erscheint nicht angebracht (aber als ein Ziel einer Anschlussbehandlung), etwa im Sinne einer (früh-?) ödipalen Problematik. Am Beispiel der drei genannten Interventionsstile können jedoch Beispiele dafür entwickelt werden, wie mit den Phänomenen des vervollständigenden »So geht es mir auch« und des Ideen-Überstülpens umgegangen werden kann.

Zunächst aufzunehmen statt (allein) zu agieren wären im Sinne des Containments beispielsweise Frau C. Drängen darauf, dass der Andere es ist, der aktiv wird. Dahinter verbirgt sich möglicherweise, wie schwer es aushaltbar ist, sich in einer Beziehung nicht ständig handelnd darum zu bemühen, dass beim anderen keine Unsicherheiten entstehen bzw. bestehen bleiben oder letztlich auch keine Kritik erfolgt. Von behandlerischer Seite für Frau C. »alles zu tun, damit es ihr besser geht«, könnte als eine konkordante Gegenübertragungsreaktion verstanden werden, aus der heraus man so handelt, wie Frau C. es gegenüber ihren Eltern tut. Hinter dieser näher an der Oberfläche gelegenen Dimension könnte auch eine zweite liegen, in der die Überfürsorglichkeit für ein Gegenüber, dem Hilflosigkeit unterstellt und zugeschrieben wird, ein Merkmal dessen ist, wie Frau C.s Mutter mit ihr in deren früher Entwicklung umgegangen ist. Diese Aspekte zu containen (und zu verstehen), würde heißen, dass einzelne Behandelnde (ebenso wie die Teamgruppe als ganze, deren Arbeit an diesen Themen die Voraussetzung wäre) die dann entstehende wechselseitige Nicht-Vervollständigung aushielte. Anzunehmen wäre ja, dass das (Noch-) Nicht Handeln Angst oder Wut auf ein Gegenüber mobilisiert, das einen »im Stich lässt«. Das Bemühen um Vervollständigung ist groß (und zeigt sich auch im Phänomen des »So geht es mir auch«), deren angstmindernde und letztlich wohl symptombildende Funktion es ist auch. »Vorzuverdauen« wäre also etwa, Uneinigkeit (samt aller Fantasien, die damit einhergehen) als aushaltbar zu zeigen, als Teil einer (hier der professionellen) Beziehung.

Frau C. ist weit davon entfernt, zu einer derjenigen Patientinnengruppen zu gehören, für die die TFP oder die MBT entwickelt worden sind, insofern bleibt der Charakter der Veranschaulichung dieser Interventionstechniken durch die Behandlung Frau C.s sehr hypothetisch und ausschnittartig. Auf der Ebene einer an der TFP orientieren Intervention würde zunächst einmal die teilstationäre Behandlung dazu fungieren, die Behandlungsvoraussetzungen zu schaffen. Eine erste unter diesen wäre, das Handeln durch die Einsichtnahme in Beziehungen und das Selbst darin zu ersetzen, also auch hier: Frau C. weniger Handlungsoptionen aufzuzeigen, sondern das Beziehungshafte der therapeutischen Arbeit zu festigen. Möglicherweise könnte auch im teilstationären Setting bereits damit begonnen werden, Interventionen einzubringen, die thematisieren, welche Selbst-Objekt-Dyaden sich zeigen, nämlich Frau C. als ein passives Selbst, das ein Gegenüber dazu bringt, aktiv zu sein, dessen Angebote und Bemühungen sie dann aber (passiv) zurückweist. U.U. wäre die passiv-aggressive Seite daran ansprechbar, ferner auch die Funktion dessen für die Sicherung der Selbstgrenzen.

Interventionstechniken, die sich an der MBT orientieren, wären leichter auf verschiedene professionelle Settings innerhalb des teilstationären Rahmens beziehbar und würden sich daran ausrichten, Frau C. dabei anzuleiten bzw. dazu anzuregen, zu erkunden, was eigentlich in Beziehungen geschieht, wenn sie das vom Anderen Kommende mit »So geht es mir auch« abschließend beantwortet, und wie es dazu gekommen ist. So wäre u. U. mentalisierbar, wie groß ihre Sorge ist, abgewiesen zu werden, wenn sie dem oder der anderen nicht gleicht. Deutlich an den Phänomenen des aktuellen Beziehungsgeschehens bleibend (aber dessen Geschichte anerkennend) würde jeweils zu rekonstruieren versucht, welche Affekte und Vorstellungen dazu führen, dass Frau C. bestimmte Konstellationen immer wieder herstellt.

Ein ganz wesentlicher Aspekt dieser Überlegungen zu Interventionsstilen, der nicht übersehen werden darf, ist, dass die hier geschilderte Arbeitsweise eines Behandlungsteams sich am Verstehen orientiert, nicht (direkt) am Erarbeiten von Interventionen. In der Fallbesprechung zu Frau C. plötzlich auszurufen »Da ist ja was Süßes in der Schachtel« soll kein Vorschlag für eine Deutung gegenüber der Patientin sein! Vielmehr sollen Verstehensversuche markiert werden, welche die Haltung in der Arbeit mit den Patienten jeweils settingspezifisch derart verändern, dass Interventionen möglich werden, die vorher weniger naheliegend waren. Die Fallbesprechung dient dem Verstehen, vermittelt darüber dem Erarbeiten eines individuellen Krankheitsverständnisses (z. B. deutlich in der Fokusbildung), vermittelt darüber der Behandlungsplanung und darin der jeweiligen Intervention. Dabei wird deutlich, dass der Bereich zwischen Fallbesprechung und Behandlungsplanung und konkreter Intervention ein wichtiges Feld vertiefender Forschung ist.

7 Weitere Settings und Patientengruppen

Viele der Konzeptionen und auch der Vorschläge zur Institutionalisierung von Fallbesprechungen haben sich am Setting der stationären Psychotherapie ausgerichtet. Allerdings ist in den Fallbeispielen auch einiges von der Besonderheit bei tagesklinischen Behandlungen angeklungen. Ausgehend vom vorgeschlagenen allgemeinen Modell der strukturierten Fallbesprechung werde ich nun skizzenhaft die Spezifität in der Arbeit in speziellen Settings (Tagesklinik, Ambulanz) und mit speziellen Altersgruppen (Kinder und Jugendliche) vorstellen. Schließlich wird es auch um einen Blick um den Stellenwert von Fallbesprechungen in psychotherapeutischen Kliniken gehen, die sich eher an einem kognitiv-verhaltenstherapeutischen Konzept orientieren.

7.1 Die Besonderheit des tagesklinischen Settings

Ich habe andernorts (Storck, 2016a; 2016b) die Sichtweise begründet, warum sich eine teilstationäre, tagesklinische Behandlung insbesondere für Patienten mit psychosomatischen Erkrankungen gut eignet. Der Hauptgrund dafür liegt neben der Multimodalität der Behandlung (Einzel- und Gruppentherapie sowie Einbezug des Körpers als wichtigste Elemente) darin, dass im Behandlungssetting das Ankommen, Verabschieden und Wiederkommen strukturell verankert ist und jeden Tag eine Art von Reflexionsanreiz dafür liefern kann, wie Trennungen

141

erlebt werden (vgl. a. von Wietersheim, Zeeck & Küchenhoff, 2005). Berücksichtigt man diesen Aspekt, dann wird auch deutlich, dass im Fall einer deutlichen Beteiligung einer »Trennungsintoleranz« wie Küchenhoff (1989, S. 272) es nennt, an der Psychodynamik einer psychischen Erkrankung eine tagesklinische Behandlung angezeigt sein kann. Und wiederum angesichts der »neuen Leiden der Seele« (Kristeva, 1993) oder den Schwierigkeiten mit den »unrepresented states« (Levine, Reed & Scarfone, 2013) des Seelischen, die sich beide daran orientieren, dass es zunehmend mehr Patientinnen schwer fällt, sich ihre eigene innere Welt vor Augen zu führen. Angesichts eines Angewiesenseins auf Anwesendsein bei ausgeblendeter Möglichkeit von Trennung oder Unterschiedenheit, kann dafür argumentiert werden, eine initiale tagesklinische Behandlung als wichtige Behandlungsvoraussetzung für viele Langzeitpsychotherapien aufzufassen.

Das bringt die nötige Berücksichtigung einiger konzeptueller Besonderheiten mit sich, einmal mehr besonders die Regression und Regressionsförderung, die hier dem Umstand Rechnung zu tragen hat, dass sich jemand am Ende eines Behandlungstages auch in die relative Selbstständigkeit und Funktionsfähigkeit im Alltag zurück begibt. Ich möchte im Weiteren aber die spezielle Bedeutung der Teamarbeit und Fallbesprechung herausgreifen.

Grundsätzlich unterscheidet sich eine Fallbesprechung eines tagesklinischen Teams nicht von einer anderen. Aus meiner Erfahrung ergibt sich allerdings in der ansonsten gleichschwebend aufmerksamen Grundhaltung/Grundregel eine zumindest zu prüfende Fokussierung, nämlich im Hinblick auf die institutionsstrukturelle Steuerung von Trennungserfahrungen. Das betrifft neben der grundsätzlich knapp bemessenen Behandlungsdauer das Trennungs-/Ankommensthema des täglichen Wechsels von Behandlungszeit in der Tagesklinik und Leben im sonstigen räumlichen, sozialen und persönlichen Alltag: Ein Tagesklinikteam sollte nicht übersehen, dass sich die spezifischen Rahmenbedingungen auf konkrete Weise mit leitenden psychodynamischen Themen vieler der Behandelten verknüpfen. Das gilt es beispielsweise zu beachten, wenn sich in einer Fallbesprechung Phänomene zeigen, die *deren* Rahmen betreffen: eine nicht benannte zeitliche Ausdehnung, der Impuls, »früher Schluss zu machen« oder auch das Zu-Spät-

Kommen oder Zu-früh-Gehen Einzelner. Hier ist nochmals der Hinweis unerlässlich (auch, damit sich keine auto-paranoide Haltung des Teams und dessen Selbstbespiegelung realisiert): Jeder Einzelne wird gute Gründe für eine Verspätung o. ä. haben und anzunehmen, ein Patient hätte qua seiner Psychodynamik *verursacht*, dass ein Teammitglied vor der Fallbesprechung z. B. in der Kantine länger aufs Essen warten musste, wäre nichts weniger als das Symptom eines Beziehungswahns. Aber diese Ereignisse können als Ideengeber für das Verstehen einer Behandlung dienen, wenn sie in den Rahmen der strukturierten Fallbesprechung gesetzt werden.

Ein ähnlicher Punkt, der ebenfalls von hoher Wichtigkeit ist (ohne zunächst spezifisch für eine tagesklinische Behandlung zu sein), ist der Umgang des Teams und seiner Mitglieder mit krankheits- oder urlaubsbedingten Abwesenheiten einzelner Behandelnder. Meiner Auffassung nach ist das Thematisieren der Bedeutung einer Vertretungssituation für Behandelte mit diesen ebenso unerlässlich wie es das Thematisieren z. B. einer suizidalen Fantasie, biografischer Traumata oder einer aktuellen Partnerschaftskrise wäre. Niemand wird bestreiten können, dass in einem Arbeitsfeld, in dem die therapeutische Beziehung als Wirkfaktor anerkannt wird, ein Wechsel in der therapeutischen Beziehung für Veränderungsprozesse eine nicht zu überschätzende Bedeutung hat. Eine Gefahr besteht gleichwohl darin, die notwendigerweise auftretende Häufung der Abwesenheit einzelner Behandelnder als Teil des Behandlungsalltags zu nehmen, ohne sie weiter in ihren Einflüssen zu reflektieren. Es ist wichtig, sich vor Augen zu halten, wie die skizzierte Patientinnengruppe mit ihrer Psychodynamik psychisch damit umgehen kann (bzw. nicht kann), etwa in einer Tagesklinik erstens damit konfrontiert zu sein, dass nach 8 bis 10 Wochen Behandlung der Abschied bevorsteht, dass zweitens jeder einzelne Tag mit einer Trennung endet und dass drittens, sagen wir während einer Behandlung, die zwei Wochen verregneter Herbstferien einschließt, jemand während der Behandlung mit mehreren Urlauben der Behandelnden sowie deren krankheitsbedingter Abwesenheit konfrontiert ist. Das ist erst mal in einer rein theoretischen und institutionsstrukturellen Sicht als wichtiges Thema einleuchtend. Sollte es einmal vergessen werden, liefern Fallbesprechungen den Anhalt dafür, es sich wieder gegenwärtig zu halten, nämlich darin, dass es auch für die Fallbesprechung und das darin arbeitende Team eine große Herausforderung darstellt, durch Urlaube und Krankheiten wiederholt damit konfrontiert zu sein, dass eine Perspektive auf den Fall ausbleibt. Ohne Zweifel sind Urlaube und Krankheiten Teile der Realität der Behandelnden und der Einrichtung, sie nicht zu bedenken, kommt allerdings einem unreflektierten Mitagieren des Teams gleich.

Oben habe ich noch das Team einer (psychiatrischen) Institutsambulanz als spezifisch erwähnt. Dessen Besonderheit liegt in erster Linie darin, dass hier der klassische Aspekt der Balintgruppe stärker ins Zentrum gerückt wird, nachdem weniger häufig als im stationären oder teilstationären Zusammenhang viele der Teammitglieder einen direkten Kontakt zu einzelnen Behandelten haben dürfte. Es kann also hinsichtlich dieses Aspekts (sowie angesichts anderer Strukturen von Übertragungsphänomenen) von einer weniger komplexen Spiegelungsstruktur in einem Ambulanzteam ausgegangen werden, dessen Arbeit sich stärker an Intervisionsgruppen im Bereich der ambulanten Psychotherapie orientiert.

7.2 Akutpsychiatrische und forensische Teams

Insbesondere anhand der Diskussion des Objekterlebens und der Abwehr- sowie Übertragungsstruktur stationär-psychotherapeutisch behandelter Patienten ist deutlich geworden, dass es sich um eine Konzeption von Fallbesprechungen handelt, die zum einen hinsichtlich der Psychodynamik der Behandelten die mäßig bis gering integrierte Struktur im Kern berücksichtigt, zum anderen hinsichtlich der Institutionsstruktur auf bestimmte zeitliche Ressourcen sowie die Vorqualifikation der Mitarbeitenden setzt. Nichtsdestoweniger ist die Konzeption grundsätzlich auch für die Arbeit im akutpsychiatrischen oder forensischen Setting geeignet, berücksichtigt man die Bedeutung psychoanalytischer Konzepte für die Behandlung von Patientinnen mit psychotischer Erkrankung (vgl. Storck & Stegemann, 2018). Die Arbeitsgruppe um Urbaniok (vgl. z. B. Urbaniok, 2000) bezieht sich dabei dezidiert auf die Behandlung durch ein Team im psychiatrischen Kontext, bei Borchard et al. (2012) wird spezifisch der forensische Zusammenhang betrachtet. Vornehmlich bezogen auf die Arbeit mit Sexualstraftätern, die an einer schweren Persönlichkeitsstörung leiden oder als psychopathisch eingeschätzt werden, stellen die Autoren die Bedeutung einer Reflexion der Beziehungsstruktur heraus und benennen als »Prinzipien professioneller Teamarbeit« in der forensischen Psychiatrie:

- Einheitlichkeit (im Vertreten von Teambeschlüssen und allgemeinen -haltungen)
- Verschiedenheit (die Berücksichtigung individueller Fähigkeit)
- Offenheit (in der Kommunikation)
- Transparenz
- Informationsfluss (bezogen auf die Fall- und Behandlungskonzeption)
- Selbstständigkeit (die den Klienten übertragen wird)
- Behandlungsoptimismus
- Respekt
- Professionelle Fürsorge und Behandlung durch motivierende Beziehungsgestaltung

Der Annahme folgend, dass sich (noch unverstanden gebliebene) Aspekte der Behandlungsbeziehungen und der sich darin äußernden affektiv-triebhaften Zustände spiegelnd in die Teamgruppe und damit in die Fallbesprechung hinein vermitteln, ist spezifisch für Akutpsychiatrie und/oder Forensik zu sagen, dass in diesen Bereichen arbeitende Teams sich mit potenziell ungleich heftigeren Teamkrisen konfrontiert sehen als Teams auf Psychotherapiestationen, auf denen mit Patientinnen mit nicht-desorganisiertem psychischen Strukturniveau gearbeitet wird. Umso wichtiger wird es, individuums- wie auch gruppenbezogene Abwehrdynamiken auf Seiten der Behandelnden wahrzunehmen, in erster Linie bezogen auf den Umgang mit intensiven Ängsten, die im

Kontext einer Behandlung mobilisiert werden und sich u. U. indirekt zeigen (im Vermeidungsverhalten, in der Intensivierung persönlicher Konflikte o. a.).

7.3 Die Arbeit mit Kindern und Jugendlichen

Auch für die (teil-) stationäre Behandlung von Kindern oder Jugendlichen durch ein Behandlungsteam ist zunächst zu sagen, dass in allgemeiner Hinsicht ähnliche Bedingungen gegeben sind und sich auch für die Konzeption und Praxis der Fallbesprechungen dieselben Folgerungen und Vorschläge ergeben wie oben ausgeführt. Für die Behandlung von Kindern ergeben sich m. E. darüber hinaus drei wesentliche Spezifika, ein klinikkonzeptuelles, ein teampsychodynamisches und eines bezogen auf das Verhältnis zwischen Behandlungsteam und familiärem System (vgl. außerdem Branik & Meng, 2006, zur Fallbesprechung von kinder- und jugendpsychiatrischen Teams).

Die klinikkonzeptuelle Besonderheit ist darin zu sehen, dass stationäre kinderpsychotherapeutische Arbeit (die im Wesentlichen in kinder*psychiatrischen* Einrichtungen stattfindet) deutlich stärker pädagogische Elemente einbezieht als die stationäre Psychotherapie Erwachsener (dort natürlich v. a. im Bereich psychoedukativer Angebote). Dies äußert sich nicht nur im jeweiligen Teilsetting der Behandlung und damit der professionsbezogenen Zusammensetzung der Teamgruppe, sondern nicht zuletzt auch darin, dass in der Regel Schulbesuche im Rahmen der Einrichtung erfolgen. Hier wäre der konzeptuell gedachte Idealfall natürlich der Einbezug der Schulpädagogen in die Fallbesprechung, was sich gleichwohl nicht bzw. nicht regelmäßig genug realisieren lassen dürfte (vgl. außerdem zu Teamarbeit und Fallverstehen in der Jugendhilfe Schrapper & Thiesmeier, 2004).

Die zweite, teampsychodynamische Besonderheit stationärer kinder-psychotherapeutischer Behandlungen liegt meiner Erfahrung nach in einer erhöhtem Schwelle der Behandelnden, schwierige eigene Affekte in den Behandlungsbeziehungen in Fallbesprechungen zum Thema zu machen. Zweifellos bedarf es nicht nur eines guten Reflexionsvermö-gens und einer methodischen Schulung, dieses in Fallbesprechungen einzubringen, sondern auch eines hohen Maßes an Vertrauen in die Gruppe der Kolleginnen, um z. B. zu thematisieren, dass ein siebenjäh-riges Kind einem Angst macht, oder – ungleich heikler – sexuelle und/oder aggressive Fantasien, die sich in einer Behandlung möglicherweise ergeben, zum Thema des Verstehens zu machen. *Dass* dies für eine professionell geführte psychodynamisch ausgerichtete Behandlung un-erlässlich ist, sollte vermittelt werden und seinen Niederschlag in der Konzeption der Fallbesprechung finden. Dazu gehört, deutlich zu ma-chen, dass die Reflexion der Fantasien nicht nur dem Verstehen dient, sondern auch hilfreich ist, professionelle Grenzen zu wahren (die ja nicht nur im Extremfall eines sexuellen/physischen Übergriffs bedroht sind, sondern bereits in Mikro-Grenzüberschreitungen). In diesem Zu-sammenhang zeigen sich natürlich auch Wert und Notwendigkeit von Teambesprechungen in pädagogischen Wohneinrichtungen.

Das dritte Spezifikum bezieht sich darauf, dass stärker als in Be-handlungen von Erwachsenen das familiäre System in die Dynamik ei-nes Teams hineinspielt (zusätzlich zur Gruppe der behandelten Kinder allein). Auch angesichts des Stellenwerts der Angehörigenarbeit und der Kooperation in der Behandlungsplanung kann eine Fallbespre-chung dann auch eine proto-familiendiagnostische Funktion über-nehmen, indem etwa Rollen eindeutig verteilt zu werden scheinen, es einen Sündenbock oder ein Nesthäkchen zu geben scheint usw. Das führt eine weitere Komplexitätsstufe ein, verdeutlicht aber auch die Notwendigkeit, innerfamiliäre Dynamiken zu beachten.

Die Arbeit mit Jugendlichen nimmt offenkundig zwischen Kinder- und Erwachsenenbehandlungen eine Mittelstellung ein. Für die Kon-zeption der Teamarbeit und der Fallbesprechungen in diesem Bereich ist konsequenterweise vor allem zu sagen, dass eine Fallbesprechung dem Zweck dienen kann, ein besseres Bild vom psychischen Entwick-lungsstand eines Jugendlichen zu gewinnen und so auch entscheiden zu können, ob eine Behandlung stärker in Richtung eines kinderpsy-chotherapeutischen oder eines erwachsenenpsychotherapeutischen Pols ausgerichtet sein sollte (v.a, im Hinblick auf Gestaltung/Spiel oder Gespräch als zentrales Medium der Therapie). Dabei sind allzu direkte Zuordnungen gleichwohl irreführend: Stellt etwa ein Team in einer Fallbesprechung fest, einen Vierzehnjährigen eher wie ein Kind zu erleben, dass allein Angst im Dunkeln hat, frustriert darauf reagiert, wenn ihm im übertragenen Sinn »ein Spielzeug weggenommen« wird o. ä., dann kann es einerseits natürlich als Ausdruck eines Beziehungsaspekts genommen werden, der zeigt, wie der Jugendliche »noch klein« ist, andererseits kann es in solch einer Fantasie natürlich ebenso gut darum gehen, die Selbstständigkeit (oder auch die sich konstituierende genitale Sexualität) des Jugendlichen zu übersehen oder unbewusst zurückzuweisen. Wichtig erscheint mir, sich die Möglichkeit offen zu halten, in einer Fallbesprechung anhand der Teamszenen den möglichen psychischen Entwicklungsstand eines Behandelten zu fokussieren (vgl. ansonsten für Kinder- und Jugendlichenpsychosomatik Storck & Izat, in Vorb.).

7.4 Verbindung zu Ansätzen der kognitiven Verhaltenstherapie

Die hier entwickelte Vorstellung einer strukturierten Fallbesprechung orientiert sich hinsichtlich des zugrunde gelegten Störungs- wie Veränderungsmodells an psychoanalytischen Konzeptionen. Dass die Ausgangslage, nämlich die Frage nach der Zusammenarbeit eines Behandlungsteams im stationären Setting, sich auch für kognitiv-verhaltenstherapeutisch ausgerichtete Kliniken und Teams ergibt, liegt auf der Hand. Nicht nur bedarf es auch dort einer Zusammenarbeit, sondern diese zielt ebenso auf ein Verstehen und auf eine (u. U. im Verlauf angepasste) Behandlungsplanung (im Hinblick auf therapeutische Interventionen), nur eben bezogen auf andere Modi und Zielsetzungen des Fallverstehens.

In erster Linie wird eine Fallbesprechung dabei dem Informationsaustausch dienen (eine Funktion, die sie selbstverständlich auch in analytischer Ausrichtung hat) sowie, darüber vermittelt, dem Zusammentragen dessen, wie eine Patientin sich in verschiedenen Settings der Behandlung zeigt (hinsichtlich ihrer Motivation, ihrer Ziele oder ihrer Fortschritte). Angesichts aber, jedenfalls gemäß meines Überblicks über den Bereich, weitgehenden Fehlens einer Konzeption des diagnostischen Werts des gruppendynamischen Geschehens bleiben so etwas wie Teamszenen, Teamkrisen oder die »Stimmung« in einer Fallbesprechung weitgehend jenseits der methodischen Zielsetzungen. Eine Annäherung stellt dabei der Einsatz von CBASP (*Cognitive Behavioral Analysis System of Psychotherapy*) im stationären Setting dar, im Rahmen dessen auch im Team eine Übertragungshypothese *diskutiert*, wenn auch eher weniger in Folge eines teamdynamischen Prozesses *gebildet* wird (vgl. Brakemeier & Normann, 2012). Ähnlich geht es auch in der DBT (Dialektisch behavioralen Therapie) im stationären Setting um sogenannte »Teamkonsultationen« (vgl. Bohus & Reicherzer, 2017).

Nicht zuletzt angesichts dessen, dass sich kognitiv-verhaltenstherapeutische Ansätze stärker in Richtung einer Konzeptualisierung ihrer (empathischen) Verstehensoperationen (Pläne und Schemata z. B. sind Gegenstand von Verstehensprozessen im Rahmen einer Behandlung, ebenso wie dysfunktionale Kognitionen oder emotionale Muster) orientieren, kann allerdings die Hypothese entwickelt werden, dass in verhaltenstherapeutisch arbeitenden Teamgruppen mindestens *implizit* der Annahme gefolgt und deren Folgerungen genutzt werden, dass eine fallverstehende Gruppe sich durch etwas auszeichnet, dass in Anbindung an die akademische Psychologie am ehesten als ein Emergenzphänomen auszuweisen wäre: die Tatsache, dass das Verstehen einer Gruppe potenziell mehr umfasst als die Summe des Verstehens der Einzelnen in einem bloßen Zusammentragen von Information, damit allen alles zur Kenntnis gelangt.

Zu prüfen wäre diese Behauptung (verhaltenstherapeutische Teams arbeiten am Verstehen ihrer eigenen Dynamik, ohne es methodisch

149

auszuformulieren) gleichwohl in einer empirischen und konzeptuellen Studie, die in einem weiteren Schritt auch vergleichend in den Blick nehmen könnte, welche Unterschiede es in der Wirkweise teamtherapeutisch arbeitender Gruppen zwischen psychodynamischen und kognitiv-verhaltenstherapeutischen Klinikkonzeptionen gibt. Im ersten Schritt würde es darum gehen zu prüfen, ob sich therapeutische Fortschritte und Veränderungen auch in verhaltenstherapeutisch arbeitenden Kliniken auf das »Gelingen« einer Fallbesprechung zurückführen lassen. Nimmt man als Beispiele der Veränderung z. B. den Rückgang selbstverletzenden Verhaltens eines Patienten, dann wäre dafür unmittelbar vermutlich so etwas verantwortlich wie ein verinnerlichtes Skills-Training zur anderweitigen Regulation affektiver Spannungszustände. Gemäß der Annahme eines Nutzens der Fallbesprechung durch ein verstehendes Team, das seine eigene Gruppendynamik zum Verständnis der Behandlung nutzt, müsste dann gezeigt werden, dass eine Patientin ein Skills-Training dann »annimmt« bzw. für sich nutzen kann, wenn die Behandelnden zuvor verstanden haben, welchen funktionalen Nutzen das selbstverletzende Verhalten hatte. Der Unterschied einer in diesem Sinn ausgeübten Fallbesprechung läge darin, dass ein Team als Gruppe eine Funktion übernimmt, die mit der Erkenntnislogik des jeweiligen Verfahrens zu tun hat – und ein verhaltenstherapeutisches Team somit nicht mit und an eigenen unbewussten Erlebnisaspekten arbeitet, sondern »Gruppenkognitionen« und Regulationsmechanismen erarbeitet und reflektiert. In dieser Weise könnte ein Verstehen der Funktionalität eines Symptoms erfolgen und – das müsste geprüft werden – dies könnte sich als Voraussetzung für die Wirksamkeit stützender therapeutischer Techniken erweisen.

8   Zusammenfassung und Fazit

Ich fasse abschließend die Hintergründe, Konzeptionen und Praxis-empfehlungen im Hinblick auf von mir so genannte *strukturierte Fall-besprechungen* zusammen, bevor ich zukünftige Forschungsfelder in diesem Bereich benenne.

Die Überlegungen, die Merkmale sozialen Zusammenlebens für die Konzeption einer stationär-psychotherapeutischen Behandlung zu nut-zen, beginnen mit dem von Main und Jones formulierten Konzept der therapeutischen Gemeinschaft. Darin wird u. a. formuliert, dass die Re-flexion von Gruppenphänomenen einen Platz in der Therapie braucht und in welcher Weise diese davon profitiert. Ein zweiter Grundpfeiler ist in Konzeptionen der Gruppenanalyse zu sehen: Bions Unterschei-dung zwischen Arbeitsgruppen und Grundannahmegruppen und Foul-kes Gedanke einer Gruppenmatrix liefern weitere Argumente dafür, die Entfaltung unbewusst-konflikthafter Aspekte von Beziehungen in einer Gruppe zu beachten und zu nutzen.

In der Theorie und Praxis stationärer Psychotherapie haben sich die Konzepte eines Realitäts- und eines Fantasieraums ergeben, ebenso wie die Folgerung, dass es dabei am ehesten um Prinzipien oder Ele-mente des Settings handelt, nicht um eine feste Zuordbarkeit zu »rea-len« Räumen oder Professionen: Analytisch orientierte Therapie wird dann spannend und wirksam, wenn die Fantasieebene dessen in den Blick genommen wird, was sich in der Realität abspielt. Eine weitrei-chende konzeptuelle Folgerung daraus ist, dass dann jedes professions-spezifische Teil-Setting der stationären Behandlung von einer Reflexion auf unbewusste Beziehungselemente profitiert und potenziell therapeutisch wirksam ist – allerdings bezogen auf professionsspezifi-sche Interventionen. Solche Überlegungen haben zu bipolaren und integrativen Modellen der stationären Behandlung geführt, in deren Fortführung Küchenhoff von einem pluripolaren Modell spricht: Darin wird das Team als »Behandlungssubjekt« begriffen, mit dem Team und seinen Fallbesprechungen im Therapiezentrum und den Einzel-Settings an der Behandlungsperipherie (ohne damit nebensächlich zu werden!).

Eine stationäre Behandlung bedarf einer gesonderten Beachtung bestimmter psychoanalytischer Konzepte, um Einwänden konstruktiv begegnen zu können, die in erster Linie die Förderlichkeit der Regression und der möglichen Arbeit mit der Übertragung betreffen. Einem Rahmenmodell der stationären Psychotherapie (in dem diese dem Bereitstellen von Hilfs-Ich-Funktionen oder einer emotional haltenden und stützenden Beziehung steht) steht ein Bühnenmodell zur Seite, welches die diagnostische Bedeutung von Inszenierung auf einer institutionsstrukturell bereit gestellten Bühne thematisiert. Beide Modelle lassen sich zusammenführen in einem »Der Rahmen ist die Bühne«, was besagt, dass sich in Szene gesetzte Aktualisierungen von Beziehungserfahrungen in erster Linie am Rahmen einer Behandlung zeigen und dort verstanden und bearbeitet werden können. Die Konzepte des Agierens und des Enactments dienen einem solchen Verstehen.

Patienten, für die eine stationäre Behandlung indiziert ist, lassen sich, bei aller Vorsicht gegenüber einer Generalisierung, durch bestimmte Merkmale im Hinblick auf Objekterleben, Abwehrstruktur und Übertragungsaspekte charakterisieren: Angesichts eines mäßig oder gering integrierten psychischen Strukturniveaus (was nicht ausschließt, eine konflikthafte Genese und Funktionalität von Symptomen und Syndromen einzubeziehen) kommt es zu einem wenig integrierten Bild von sich selbst und anderen. Vielmehr ergibt sich oft ein Ineinander aus Fragmentierung (von Selbst und Anderem) und Ungetrenntheit (von Selbst-Anteilen und zum Anderen gehörigen Anteilen). Auf der Ebene der Abwehrmechanismen lässt sich dies auf das Wirken von Projektion, projektiver Identifizierung und Spaltung (bzw. Prozessen, die der Aufrechterhaltung einer Spaltung dienen) beschreiben. In der Folge zeigen sich auch spezifische Aspekte der Übertragung, nämlich eine fragmentierte, in der verschiedene Aspekte von Beziehungen auf verschiedene Behandlerinnen »verteilt« werden. Zugleich zeigt sich auch auf der Ebene der Übertragung ein Ringen um und gegen die Verschmolzenheit und Ungetrenntheit mit dem Gegenüber bzw. Teilen von diesem.

Hier treffen sich das institutionsstrukturelle Angebot (Multiprofessionalität, Multimodalität und Multipersonalität) mit vorherrschenden psychischen Strukturen auf der Seite der Behandelten. Und es ergibt sich die Notwendigkeit, die Team- als Fallbesprechung dazu zu nutzen, verschiedene Inszenierungen und Übertragungsfragmente verstehend zusammen zu führen. Auf der Grundlage der Konzeption von Balintgruppen und vergleichbaren Überlegungen lässt sich konzeptuell begründen, wie sich Aspekte einzelner Behandlungsbeziehungen in den Teil-Settings der stationären Therapie in die Fallbesprechung hinein vermitteln, in Form von Spiegelungsphänomenen. Da hier mehrere Behandlungsbeziehungen zusammenkommen, kann man – in Adaption des szenischen Verstehens für das Verstehen eines Teams – davon sprechen, dass sich objektive, subjektive und szenische Daten zu etwas verdichten, das ich als szenischen Teamkrisen bzw. Teamszenen/Teamkrisen beschrieben habe. Diese Verdichtungen stellen potenzielle Wendepunkte in Behandlung dar und es ist einem Team in einer Fallbesprechung aufgetragen, sie zu reflektieren.

Dazu bedarf es bestimmter methodischer Merkmale einer dann so zu nennenden strukturierten Fallbesprechung, die ich als Praxisempfehlung zusammen getragen habe. Entsprechungen der psychoanalytischen Grundregeln der freien Assoziation und der gleichschwebenden Aufmerksamkeit lassen sich für Teamprozesse beschreiben. Ferner haben sich Elemente von zeitlicher, periodischer und personaler Kontinuität formulieren lassen: Eine Fallbesprechung sollte nach Möglichkeit regelmäßig zur selben Zeit und mit fester, gleich bleibender Länge von denselben Personen (und zwar allen Mitgliedern des Teams) abgehalten werden. Darin sollten im Anschluss an Berichte über die Behandlungsbeziehung zu einem Patienten freie Einfälle geäußert werden. Um die Reflexion des sich so Entfaltenden leisten zu können, sollte ein Teammitglied (wechselnd und über die Berufsgruppen hinweg) die Leitung bzw. Moderation der Fallbesprechung übernehmen, was in erster Linie ein Beachten des zeitlichen Rahmens und die Aufgabe einer abschließenden »Bündelung« des Besprochenen (und einen

Verstehensversuche von Teamszenen/Teamkrisen) umfasst. Wichtig ist dabei, zwischen realitätsbezogenen und fantasiebezogenen Elementen der Behandlung im Sinne einer unterschiedlichen Wahrnehmungseinstellung zu unterscheiden statt von vornherein festlegen zu wollen, welche Elemente überhaupt darauf geprüft werden, welche szenischen oder unbewusst konflikthaften Aspekte sich darin zeigen.

Abschließend habe ich einige Skizzen zum Verhältnis von Verstehen in einer Fallbesprechung und daraus folgenden Interventionstechniken gegeben und verschiedene spezifische Behandlungssettings beleuchtet (Tagesklinik, Kinder- oder Jugendlichenbehandlungen, Akutpsychiatrie und Forensik, kognitiv-verhaltenstherapeutische Klinikkonzeptionen).

Mit diesen letztgenannten Bereichen ist bereits der Übergang zu zukünftigen Forschungsfeldern bereitet. Insbesondere der oben angesprochene Bereich einer vergleichenden Untersuchung dessen, was als eine gelingende Fallbesprechung in einer analytisch arbeitenden Klinik und was als eine gelingende Fallbesprechung in einer kognitiv-verhaltenstherapeutischen Klinik gelten kann, scheint hier ertragreich zu sein. Anzunehmen ist schließlich, dass ein »Verstehensgewinn« in Folge einer Fallbesprechung spezifisch im Hinblick auf Haltungen und Interventionen im weiteren Behandlungsprozess ist (neben allgemeiner Merkmale wie z. B. eine reduzierte Zahl von Behandlungsabbrüchen). Ein weiteres Feld betrifft dann das Verhältnis von Fallbesprechung zu den behandlerischen Einzelsettings, in die sich deren Ergebnisse zurückvermitteln. Was hat eine Patientin davon, dass ihr Team sie verstehen kann? Auch das wäre, im Anschluss an die hier vorgelegte konzeptuelle Begründung, in der klinischen Praxis genauer zu untersuchen.

Literaturverzeichnis

Aisenstein, M. (2006). The indissociable unity of psyche and soma: A view from the Paris Psychosomatic School. *Int J Psychoanal, 87*, 667–680.

Allen, J. G., Fonagy, P. & Bateman, A.W. (2011). *Mentalisieren in der psychotherapeutischen Praxis*. Stuttgart: Klett-Cotta.

Angehrn, E. (2010). *Sinn und Nicht-Sinn. Das Verstehen des Menschen.* Tübingen: Mohr Siebeck.

Arbeitskreis OPD (Hrsg.) (2006). *Operationalisierte Psychodynamische Diagnostik OPD-2. Das Manual für Diagnostik und Therapieplanung.* Bern: Huber.

Argelander, H. (1967). Das Erstinterview in der Psychotherapie. *Psyche – Z Psychoanal, 21*, 341–368, 429–467, 473–512.

Argelander, H. (1972). *Gruppenprozesse. Wege zur Anwendung der Psychoanalyse in Behandlung, Lehre und Forschung.* Reinbek bei Hamburg: Rowohlt.

Balint, M. (1964). *Der Arzt, sein Patient und die Krankheit.* Frankfurt a. M.: Fischer.

Balint, M. (1968a). Erfahrungen mit Ausbildungs- und Forschungsseminaren. *Psyche – Z Psychoanal, 22*, 679–688.

Balint, M. (1968b). Die Struktur der »Training-cum-Research«-Gruppen und deren Auswirkungen auf die Medizin. *Jb Psychoanal, 5*, 125–146.

Baranger, M. & Baranger, W. (1961/62). The analytic situation as a dynamic field. *Int J Psychoanal, 89*, 795–826.

Bardé, B. (1993). Die psychotherapeutische Behandlung der Patienten durch ein therapeutisches Team. Zur Theorie, Empirie und Klinik der psychoanalytisch orientierten stationären Psychotherapie. In B. Bardé & D. Mattke (Hrsg.), *Therapeutische Teams. Theorie – Empirie – Klinik* (S. 51–108). Göttingen, Zürich: Vandenhoek & Ruprecht.

Becker, H. (1995) (Hrsg.). *Psychoanalytische Teamsupervision.* Göttingen, Zürich: Vandenhoek & Ruprecht.

Beese, F. (Hrsg.) (1978). *Stationäre Psychotherapie. Modifiziertes psychoanalytisches Behandlungsverfahren und therapeutisch nutzbares Großgruppengeschehen.* Göttingen, Zürich: Vandenhoek & Ruprecht.

Bion, W. R. (1959). Angriffe auf Verbindungen. In W. R. Bion (Hrsg.), *Frühe Vorträge und Schriften mit einem kritischen Kommentar: »Second Thoughts«* (S. 105–124). Frankfurt a. M.: Brandes & Apsel.

Bion, W. R. (1961). *Erfahrungen in Gruppen und andere Schriften.* Stuttgart: Klett.

Bion, W. R. (1962a). Eine Theorie des Denkens. In W. R. Bion (Hrsg.), *Frühe Vorträge und Schriften mit einem kritischen Kommentar: »Second Thoughts«* (S. 125–135). Frankfurt a. M.: Brandes & Apsel.

Bion, W. R. (1962b). *Lernen durch Erfahrung.* Frankfurt a. M.: Suhrkamp.

Blass, R. B. (2013). Die Konzeptualisierung der Spaltung. Über die verschiedenen Bedeutungen der Spaltung und ihre Konsequenzen für das Verstehen des Einzelnen und des analytischen Prozesses. *Psyche – Z Psychoanal, 67,* 97–119.

Bohleber, W., Fonagy, P., Jiménez, J. P., Scarfone, D., Varvin, S. & Zysman, P. (2013). Towards a better use of psychoanalytic concepts: A model illustrated using the concept of enactment. *Int J Psychoanal, 94,* 501–530.

Bohus, M. & Reicherzer, M. (in Vorb.). *Dialektisch Behaviorale Therapie im stationären und teilstationären Bereich.* Stuttgart: Kohlhammer.

Borchard, B., Habermann, N., Stürm, M. & Urbaniok, F. (2012). Anforderungen an Behandlungsteams und Klienten in der stationären Behandlung psychisch gestörter Straftäter. *Schweizer Archiv für Neurologie und Psychiatrie, 163,* 19–28.

Brakemeier, E.-L. & Normann, C. (2012). *Praxisbuch CBASP: Behandlung chronischer Depression.* Weinheim: Beltz.

Branik, E. & Meng, H. (2006). Die Funktion von Besprechungen für multidisziplinäre Behandlungsteams kinder- und jugendpsychiatrischer Stationen. *Praxis der Kinderpsychologie und Kinderpsychiatrie 55 (3),* 198–213.

Buchheim, P., Doering, S., Hörz, S., Holler, P., Lohmer, M., Martius et al. (2008). Praxis der TFP im deutschsprachigen Raum. In J. F. Clarkin, F. E. Yeomans & O. F. Kernberg (Hrsg.), *Psychotherapie der Borderline-Persönlichkeit* (S. 301–316). Stuttgart, New York: Schattauer.

Buchholz, M. B. & von Kleist, C. (1997). *Szenarien des Kontakts. Eine metaphernanalytische Untersuchung stationärer Psychotherapie.* Gießen: Psychosozial.

Cassorla, R. M. (2012). What happens before and after ecute enactments? An exercise in clinical validation and the broadening of hypotheses. *Int J Psychoanal, 93,* 53–80.

Clark, D. H. (1965). The therapeutic community – concept, practice and future. *Br J Psychiatry, 111,* 947–954.

Clarkin, J. F., Yeomans F. E. & Kernberg, O.F. (2006). *Psychotherapie der Borderline-Persönlichkeit. 2. Auflage.* Stuttgart: Schattauer.

Dammann, G., Dulz, B., Lohmer, M. & Kernberg, O.F. (2016, in Vorb.). *Borderline-Störung. Stationäre psychodynamische Therapie. TFP-Manual.* Göttingen: Hogrefe.

Dantlgraber, J. (1977). Über einen Ansatz zur Untersuchung von »Balint-Gruppen«. *Psychosomatische Medizin, 7,* 255–276.

Dickhaut, H. H. & Luban-Plozza, B. (1990). Balintarbeit. In H. Pühl (Hrsg.), *Handbuch der Supervision. Beratung und Reflexion in Ausbildung, Beruf und Organisation* (S. 302–322). Berlin: Spiess.

Drees, A. (2002). *Prismatische Balintgruppen.* Lengerich: Pabst.

Ekstein, R. & Wallerstein, Robert S. (1972). *The teaching and learning of psychotherapy.* New York: International Universities Press.

Enke, H. (1965). Bipolare Gruppenpsychotherapie als Möglichkeit psychoanalytischer Arbeit in der stationären Psychotherapie. *Z Psychother med Psychol, 5,* 253–268.

Ermann, M. (1982). Regression in der stationär-analytischen Psychotherapie. Überlegungen zur Indikation und Behandlungsstrategie aus der Sicht der angewandten Ich-Psychologie. *Z Psychosom Med, 28,* 176–188.

Fenichel, O. (1945c). Neurotisches Ausagieren. In O. Fenichel (Hrsg.), *Aufsätze. Band II* (S. 340–349). Gießen: Psychosozial.

Foudraine, J. (1971). *Wer ist aus Holz? Neue Wege in der Psychiatrie.* München: dtv.

Foulkes, S. H. (1964). *Gruppenanalytische Psychotherapie.* München: Kindler.

Freud, S. (1910a). Über Psychoanalyse. *GW VIII,* S. 1–60.

Freud, S. (1911b). Formulierungen über die zwei Prinzipien des psychischen Geschehens. *GW VIII,* S. 229–238.

Freud, S. (1912a). Zur Dynamik der Übertragung. *GW VIII,* S. 363–374.

Freud, S. (1912e). Ratschläge für den Arzt bei der psychoanalytischen Behandlung. *GW VIII,* S. 375–387.

Freud, S. (1915e). Zeitgemäßes über Krieg und Tod. *GW X,* S. 323–355.

Freud, S. (1916/17). Vorlesungen zur Einführung in die Psychoanalyse. *GW XI.*

Freud, S. (1921c). Massenpsychologie und Ich-Analyse. *GW XIII,* S. 71–161.

Freud, S. (1924c). Kurzer Abriss der Psychoanalyse. *GW XIII,* S. 403–427.

Freud, S. (1925h). Die Verneinung. *GW XIV,* S. 9–15.

Freud, S. (1923a). »Psychoanalyse« und »Libidotheorie«. *GW XIII,* S. 209–233.

Freud, S. (1937d). Konstruktionen in der Analyse. *GW XVI,* S. 41–56.

Freud, S. (1950a). Entwurf einer Psychologie. *GW Nachtragsband,* S. 373–486.

Goffman, E. (1961). *Asyle. Über die soziale Situation psychiatrischer Patienten und anderer Insassen.* Frankfurt a. M.: Suhrkamp.

Graf-Deserno, S. & Deserno, H. (1998). *Entwicklungschancen in der Institution. Psychoanalytische Teamsupervision.* Frankfurt a. M.: Fischer.

Greenson, R. R. (1967). *Technik und Praxis der Psychoanalyse. Band 1.* Stuttgart: Klett-Cotta.

Gumz, A. & Storck, T. (2017, im Druck). Übertragung. In A. Gumz & S. Hörz-Sagstetter (Hrsg.). *Psychodynamische Psychotherapie in der Praxis*. Weinheim: Beltz.

Hau, T. F. (1968). Stationäre Psychotherapie: ihre Indikationen und ihre Anforderungen an die psychoanalytische Technik. *Z Psychosom Med, 14*, 116–120.

Haubl, R. (2014). Gruppe. In W. Mertens & B. Waldvogel (Hrsg.), *Handbuch psychoanalytischer Grundbegriffe. 4., überarbeitete und erweiterte Auflage* (S. 335–340). Stuttgart: Kohlhammer.

Heigl, F. & Nerenz, K. (1975). Gruppenarbeit in der Neurosenklinik. *Gruppenpsychother Gruppendynamik, 9*, 96–117.

Heigl, F. & Neun, H. (Hrsg.) (1981). *Psychotherapie im Krankenhaus. Behandlungskonzepte und -methoden in der stationären Psychotherapie*. Göttingen, Zürich: Vandenhoek & Ruprecht.

Heigl-Evers, A. & Hering, A. (1970). Die Spiegelung einer Patientengruppe durch eine Therapeuten-Kontrollgruppe. *Gruppenpsychotherapie und Gruppendynamik, 4*, 179–190.

Heim, E. (1985). *Praxis der Milieutherapie*. Berlin u. a.: Springer.

Heimann, P. (1950). On Counter-Transference. *Int J Psychoanal, 31*, 81–84.

Hilpert, H. & Schwarz, R. (1981). Entwicklung und Kritik des Konzeptes der therapeutischen Gemeinschaft. In H. Hilpert, R. Schwarz & F. Beese (Hrsg.), *Psychotherapie in der Klinik. Von der therapeutischen Gemeinschaft zur stationären Psychotherapie* (S. 9–39). Berlin: Springer.

Isaksson, A. (2009). Weaving Thoughts – Reflections on a Working model. Unveröffentlichtes Manuskript.

Ivey, G. (2008). Enactment controversies: A critical review of current debates. *Int J Psychoanal, 89*, 19–38.

Jacobs, T. J. (1986). On countertransference enactments. *J Am Psychoanal Assoc, 34*, 289–307.

Janssen, P. L. (1987). *Psychoanalytische Therapie in der Klinik*. Stuttgart: Klett-Cotta.

Janssen, P. L. (2012). Zur Theorie und Praxis psychoanalytisch begründeter stationärer Psychotherapie. *Forum Psychoanal, 28*, 337–358.

Janssen, P. L. (2014). Nachwort. In: ders. (2014), *Psychoanalytische Therapie in der Klinik. Neuauflage* (S. 265–292). Gießen: Psychosozial.

Janta, B. (in Vorb.). *Psychoanalyse im stationären Setting*. Stuttgart: Kohlhammer.

Jones, M. (1953). *The therapeutic community*. New York: Basic Books.

Jones, M. (1968). *Prinzipien der therapeutischen Gemeinschaft. Soziales Lernen und Sozialpsychiatrie*. Bern: Huber.

Joseph, B. (1989). *Psychisches Gleichgewicht und psychische Veränderung*. Stuttgart: Klett-Cotta.

Kernberg, O. F. (1975). *Borderline-Störungen und pathologischer Narzißmus.* Frankfurt a. M.: Suhrkamp.

Kernberg, O. F. (1981). Die therapeutische Gemeinschaft – eine Neubewertung. In ders. (Hrsg), *Ideologie, Konflikt und Führung. Psychoanalyse von Gruppenprozessen und Persönlichkeitsstruktur* (S. 209–230). Stuttgart: Klett-Cotta.

Kernberg, O. F. (1984). *Schwere Persönlichkeitsstörungen. Theorie, Diagnose, Behandlungsstrategien.* Stuttgart: Klett-Cotta.

Klinkhammer, G. (2009). Ethische Fallbesprechungen – Das Beste für den Patienten. *Dtsch Arztebl, 106(43),* 2142–2144.

Klein, M. (1946). Bemerkungen über einige schizoide Mechanismen. In M. Klein (Hrsg.), *Das Seelenleben des Kleinkindes und andere Beiträge zur Psychoanalyse. 8. Auflage* (S. 131–163). Stuttgart: Klett-Cotta.

Klüwer, R. (1983). Agieren und Mitagieren. *Psyche – Z Psychoanal, 37,* 828–840.

Klüwer, R. (1985). *Studien zur Fokaltherapie.* Frankfurt a. M.: Suhrkamp.

Kotte, S. & Taubner, S. (2016). Mentalisierung in der Teamsupervision. *Organisationsberat Superv Coach, 1,* 75–89.

Knoepfel, H. K. (1980). *Einführung in die Balint-Gruppenarbeit.* Stuttgart, New York: Gustav Fischer.

Kristeva, J. (1993). *Die neuen Leiden der Seele.* Hamburg: Junius.

Krueger, A. (2008). Die ethnopsychoanalytische Deutungswerkstatt. In U. Freikamp, M. Leanza, J. Mende, S. Müller, P. Ullrich & H. J. Voß (Hrsg.), *Kritik mit Methode? Forschungsmethoden und Gesellschaftskritik* (S. 127–145). Berlin: Karl Dietz.

Küchenhoff, J. (1989). Die Rolle der Verwerfung bei der Entstehung psychosomatischer Erkrankungen. In J. Küchenhoff (Hrsg.), *Körper und Sprache. Theoretische und klinische Beiträge zu einem intersubjektiven Verständnis des Körpererlebens* (S. 257–273). Gießen: Psychosozial.

Küchenhoff, J. (1998). *Teilstationäre Psychotherapie. Theorie und Praxis.* Stuttgart: Schattauer.

Küchenhoff, J. (2013). *Der Sinn im Nein und die Gabe des Gesprächs. Psychoanalytisches Verstehen zwischen Philosophie und Klinik.* Weilerswist: Velbrück.

Kutter, P. (1986). Theorie und Therapie psychosomatischer Störungen. *Zeitschrift für psychoanalytische Theorie und Praxis, 2,* 201–216.

Kutter, P. (1990). Das direkte und das indirekte Spiegelphänomen. In H. Pühl (Hrsg.), *Handbuch der Supervision. Beratung und Reflexion in Ausbildung, Beruf und Organisation* (S. 291–301). Berlin: Spiess.

Lacan, J. (1962/63). *Das Seminar. Buch X. Die Angst.* Wien: Turia + Kant.

Lachauer, R. (2012). Die Erarbeitung eines Fokus als kreative Hilfe bei Behandlungskrisen. *Psyche – Z Psychoanal, 66,* 34–60.

Laimböck, A. (2015). *Die Szene verstehen. Die psychoanalytische Methode in verschiedenen Settings.* Frankfurt a. M.: Brandes & Apsel.

Laplanche, J. & Pontalis, J.-B. (1967). *Das Vokabular der Psychoanalyse.* Frankfurt a. M.: Suhrkamp.

Levine, H. B., Reed, G. S. & Scarfone, D. (Hrsg.) (2013). *Unrepresented states and the construction of meaning. Clinical and theoretical contributions.* London: Karnac.

Loch, W. (1969). Balint-Seminare: Instrumente zur Diagnostik und Therapie pathogener zwischenmenschlicher Verhaltensmuster. *Jb Psychoanal, 6,* 141–156.

Loch, W. (1972). *Zur Theorie, Technik und Therapie der Psychoanalyse.* Frankfurt a. M.: Fischer.

Loch, W. (1995). *Theorie und Praxis von Balint-Gruppen. Gesammelte Aufsätze.* Tübingen: edition diskord.

Lohmer, M (2006). Lernen im Team. *Psychotherapeut, 51(4),* 300–306.

Lohmer, M. & Möller, H. (2014). *Psychoanalyse in Organisationen. Einführung in die psychodynamische Organisationsberatung.* Stuttgart: Kohlhammer.

Lorenzer, A. (1970). *Sprachzerstörung und Rekonstruktion.* Frankfurt a. M.: Suhrkamp.

Lorenzer, A. (1974). *Die Wahrheit der psychoanalytischen Erkenntnis. Ein historisch-materialistischer Entwurf.* Frankfurt a. M.: Suhrkamp.

Lorenzer, A. (1986). Tiefenhermeneutische Kulturanalyse. In A. Lorenzer (Hrsg.), *Kultur-Analysen* (S. 11–98). Frankfurt a. M.: Fischer.

Mahler, L., Jarchov-Jàdi, I., Montag, C. & Gallinat, J. (2014). *Das Weddinger Modell. Resilienz- und Ressourcenorientierung im klinischen Kontext.* Köln: Psychiatrie Verlag.

Main, T. F. (1946). Das Krankenhaus – eine therapeutische Institution. In H. Hilpert, R. Schwarz & F. Beese (Hrsg.), *Psychotherapie in der Klinik. Von der therapeutischen Gemeinschaft zur stationären Psychotherapie* (S. 40–45). Berlin: Springer.

Main, T. F. (1957). Das Leiden. In H. Hilpert, R. Schwarz & F. Beese (Hrsg.), *Psychotherapie in der Klinik. Von der therapeutischen Gemeinschaft zur stationären Psychotherapie* (S. 154–182). Berlin: Springer.

Main, T. F. (1977). Das Konzept der therapeutischen Gemeinschaft: Wandlungen und Wechselfälle. In H. Hilpert, R. Schwarz & F. Beese (Hrsg.), *Psychotherapie in der Klinik. Von der therapeutischen Gemeinschaft zur stationären Psychotherapie* (S. 46–66). Berlin: Springer.

Matakas, F. (1988). Psychoanalyse in der Anstalt. *Psyche – Z Psychoanal, 42,* 132–158.

Mattke, D. (2004). Therapeutische Teams und ihre Supervision. In C. O. Velmerig, K. Schattenhofer & C. Schrapper (Hrsg.), *Teamarbeit. Konzepte und*

Erfahrungen – eine gruppendynamische Zwischenbilanz (S. 133–144). Weinheim, München: Juventa.

McNeill, B. W. & Worthen, V. (1989). The parallel process in psychotherapy supervision. *Professional Psychology: Research and Practice, 20,* 329–333.

Möller, H. (2004). *Was ist gute Supervision? Grundlagen, Merkmale, Methoden.* Stuttgart: Klett-Cotta.

Nadig, M. (2008). Einführung in die psychoanalytische Deutungswerkstatt. In G. Schneider & H. J. Eilts (Hrsg.), *Klinische Psychoanalyse heute – Forschungsfelder und Perspektiven* (S. 419–426). Frankfurt a. M.: Geber und Reusch.

Norman, J. & Salomonsson, B. (2005). ›Weaving thoughts‹: a method for presenting and commenting psychoanalytic case material in a peer group. *Int J Psychoanal, 86,* 1281–1298.

Oevermann, U. (1993). Struktureigenschaften supervisorischer Praxis. Exemplarische Sequenzanalyse des Sitzungsprotokolls der Supervision eines psychoanalytisch orientieren Therapie-Teams im Methodenmodell der objektiven Hermeneutik. In B. Bardé & D. Mattke (Hrsg), *Therapeutische Teams. Theorie – Empirie-Klinik* (S. 141–269). Göttingen, Zürich: Vandenhoek & Ruprecht.

Ohlmeier, D. (1975). Gruppenpsychotherapie und psychoanalytische Theorie. In A. Lichtenhagen, R. Battegay & A. Friedemann (Hrsg.), *Gruppenpsychotherapie und soziale Umwelt* (S. 548–557). Bern: Huber.

Pohlen, M. (1972). *Gruppenanalyse. Eine methodenkritische Studie und empirische Untersuchung im klinischen Feld.* Göttingen: Vandenhoek & Ruprecht.

Pollack, T. (1995). Zur Methodik und Technik psychoanalytischer Teamsupervision. In H. Becker (Hrsg.), *Psychoanalytische Teamsupervision* (S. 51–79). Göttingen, Zürich: Vandenhoek & Ruprecht.

Racker, H. (1970). *Übertragung und Gegenübertragung.* München: Reinhardt.

Rapoport, R. N. (1960). *Community as doctor.* London: Tavistock.

Reinke, E. (2013). ›Szenische Evidenz‹ und ›Szenisches Verstehen‹. Zur Vermittlung des Werks von Hermann Argelander und Alfred Lorenzer. *Jb Psychoanal, 66,* 13–48.

Rosin, U. (1989). *Balint-Gruppen. Konzeption, Forschung, Ergebnisse.* Berlin: Springer.

Rudolf, G. (2004). *Strukturbezogene Psychotherapie. Leitfaden zur psychodynamischen Therapie struktureller Störungen.* Stuttgart: Schattauer.

Salomonsson, B. (2012). Psychoanalytic case presentations in a weaving thoughts group: On countertransference and group dynamics. *Int J Psychoanal, 93,* 917–937.

Sandler, Joseph (1976). Gegenübertragung und Bereitschaft zur Rollenübernahme. *Psyche – Z Psychoanal, 30,* 297–305.

Sandner, D. (1986). *Gruppenanalyse: Theorie, Praxis, Forschung.* Berlin: Springer.

Scharff, J. M. (2010). *Die leibliche Dimension in der Psychoanalyse*. Frankfurt a. M.: Brandes & Apsel.

Schepank, H. & Tress, W. (Hrsg.) (1988). *Die stationäre Psychotherapie und ihr Rahmen*. Berlin: Springer.

Schneider, G. (1995/2013). Möglichkeiten und Grenzen der Entwicklung der Symbolisierungsfähigkeit in der psychoanalytisch orientierten stationären Psychotherapie – ein störungsorientierter Ansatz zur stationären Psychotherapie. In G. Schneider & Seidler, G. H. (Hrsg.), *Internalisierung und Strukturbildung. Theoretische und klinische Anwendungen in Psychoanalyse und Psychotherapie* (S. 279–312). Gießen: Psychosozial.

Schrapper, C. & Thiesmeier, M. (2004). Wie in Gruppen Fälle gut verstanden werden können. Teamorientierte Diagnose- und Beratungsprozesse am Beispiel sozialpädagogischer Fallarbeit in der Kinder- und Jugendhilfe. In C. O. Velmerig, K. Schattenhofer & C. Schrapper (Hrsg.), *Teamarbeit. Konzepte und Erfahrungen – eine gruppendynamische Zwischenbilanz* (S. 118–132). Weinheim, München: Juventa.

Schultz-Venrath, U. (2011). Psychotherapien in Tageskliniken – Historische Perspektiven und zukünftige Aufgaben. In U. Schultz-Venrath (Hrsg.), *Psychotherapien in Tageskliniken. Methoden, Konzepte, Strukturen* (S. 1–11). Berlin: MWV.

Schultz-Venrath, U. (2015). *Lehrbuch Mentalisieren. Psychotherapien wirksam gestalten*. Stuttgart: Klett-Cotta.

Segal, H. (1991). *Traum, Phantasie und Kunst*. Stuttgart: Klett-Cotta.

Sollberger, D., Gremaud-Heitz, D., Riemenschneider, A., Agarwalla, P., Benecke, C., Schwald, O. et al. (2015). Change in identity diffusion and psychopathology in a specialized inpatient treatment for Borderline Personality Disorder. *Clin Psychol Psychother, 22(6),* 259–269.

Staehle, A. (2012). Weaving thoughts – Gedanken-verweben. In U. Reiser-Mumme, D. von Tippelskirch-Eissing, M. Teising & C. Walker (Hrsg.), *Spaltung: Entwicklung und Stillstand* (S. 453–463). Frankfurt a. M.: Geber und Reusch.

Stanton, A. H. & Schwarz, M. S. (1954). *The mental hospital*. New York: Basic Books.

Steiner, J. (1993). *Orte seelischen Rückzugs. Pathologische Organisationen bei psychotischen, neurotischen und Borderline-Patienten*. Stuttgart: Klett-Cotta.

Stephanos, S. (1979). Theorie und Praxis der analytisch-psychosomatischen Therapie. In T. von Uexküll (Hrsg.), *Lehrbuch der psychosomatischen Medizin* (S. 368–388). München: Urban & Schwarzberg.

Storck, T. (Hrsg.). (2012). *Zur Negation der psychoanalytischen Hermeneutik*. Gießen: Psychosozial.

Storck, T. (2012c). ...und sie versteht sich doch! Psychoanalyse, freie Assoziation, negative Hermeneutik. In T. Storck (Hrsg.), *Zur Negation der psychoanalytischen Hermeneutik* (S. 359–391). Gießen: Psychosozial.

Storck, T. (2013). Doing transference. Agieren als Ver-handeln der Übertragungsbeziehung. *Jb Psychoanal*, 66, 81–120.

Storck, T. (2014). Hören mit dem anderen Ohr. Psychoanalyse als negative Hermeneutik. In H. Lang, P. Dybel & G. Pagel (Hrsg.), *Grenzen der Interpretation in Hermeneutik und Psychoanalyse* (S. 73–93). Würzburg: Königshausen und Neumann.

Storck, T. (2016a). *Psychoanalyse und Psychosomatik. Die leiblichen Grundlagen der Psychodynamik*. Stuttgart: Kohlhammer.

Storck, T. (2016b). *Formen des Andersverstehens. Psychoanalytische Teamarbeit in der teilstationären Behandlung bei psychosomatischer Erkrankungen*. Gießen: Psychosozial.

Storck, T. (2016c). In 300 Stunden um die Welt: Zum Durcharbeiten in analytischen Langzeitbehandlungen. *Psychotherapeut*, 61(6), 447–454.

Storck, T. (2017a, im Druck). How to do things without words. Worum handelt ES sich beim Agieren? In A. Pechriggl, R. Winter & H.-H. Kögler (Hrsg.), *Das Enigma der Agency*. Bielefeld: Transkript.

Storck, T. (2017b, im Druck). Agieren und Enactment. In M. Elzer & A. Gerlach (Hrsg.), *Psychoanalytische Therapie – eine Einführung in die Theorie und Praxis*. Gießen: Psychosozial.

Storck, T. (2017c, im Druck). Feldtheorie. In M. Elzer & A. Gerlach (Hrsg.), *Psychoanalytische Therapie – eine Einführung in die Theorie und Praxis*. Gießen: Psychosozial.

Storck, T. (2017d, im Druck). Szenisches Verstehen. In A. Gumz & S. Hörz-Sagstetter (Hrsg.), *Psychodynamische Psychotherapie in der Praxis*. Weinheim: Beltz.

Storck, T. (2017e, in Vorb.). Mentalisierung und die Pariser Schule der Psychosomatik. In S. Taubner, B. Dulz & U. Schultz-Venrath (Hrsg.), *Mentalisierung und Mentalisierungsbasierte Therapie*. Stuttgart: Schattauer.

Storck, T. (2017f, im Druck). Psychotische Organisation: Shutter Island. In H. Möller & T. Giernalczyk (Hrsg.), *Organisationskulturen im Film*. Berlin: Springer.

Storck, T. (2017g; im Druck). »Als Ich eins war...«. Psychoanalytische Psychosomatik und Anderes verstehen. *Psyche – Z Psychoanal*.

Storck, T. (2017h, im Druck). Die Bedeutung des Nicht-Verstehens in psychotherapeutischen Prozessen. Über den Umgang mit dem Versteh-Blues. *Forum Psychoanal*.

Storck, T. (2018a, in Vorb.). *Grundelemente psychodynamischen Denkens, Band 1: Trieb*. Stuttgart: Kohlhammer.

Storck, T. (2018b, in Vorb.). *Grundelemente psychodynamischen Denkens, Band 2: Sexualität und Konflikt*. Stuttgart: Kohlhammer.

Storck, T. & Benecke, C. (2017, in Vorb.). *Psychoanalyse nach Freud.* Stuttgart: Kohlhammer.

Storck, T., Delodovici, I. & Wilm, H. (in Vorb.). *Die Bezüge der psychoanalytischen Feldtheorie zur Phänomenologie Maurice Merleau-Pontys.*

Storck, T. & Izat, Y. (in Vorb.). *Kinder- und Jugendlichenpsychosomatik.* Stuttgart: Kohlhammer.

Storck, T. & Sell, C. (2015, in Revision). Through the looking-glass and what the analyst found there. Thoughts on the methodology of psychoanalytic research groups.

Storck, T. & Stegemann, D. (2018, in Vorb.). *Psychoanalytische Konzepte in der Psychosenbehandlung.* Stuttgart: Kohlhammer.

Storck, T. & Taubner, S. (2010). Neues vom Junktim. Psychoanalyse und Universität. *Psychoanalyse – Texte zur Sozialforschung, 25,* 312–333.

Storck, T. & Taubner, S. (2017, im Druck). Mentalisierung und stationäre Psychotherapie. In S. Kotte & S. Taubner (Hrsg.) *Mentalisierung und Organisation.* Heidelberg: Springer.

Storck, T. & Warsitz, R.-P. (2016). Neue Entwicklungen in der allgemeinen psychoanalytischen Psychosomatik. *Psychotherapeut, 61(1),* 73–88.

Storck, T. & Winter, M. (2016). Einen Fall verstehen. Fallbesprechungen als Wendepunkte im Umgang mit Behandlungskrisen in der stationären Psychotherapie. *Psychotherapeut, 61(3),* 243–248.

Sullivan, H. S. (1938/39). A note on formulating the relationship of the individual and the group. In H. S. Sullivan (Hrsg.). (1964), *The fusion of psychiatry and social sciences* (S. 67–73). New York: W.W. Norton.

Taubner, S. (2015). *Konzept Mentalisieren.* Gießen: Psychosozial.

Thomä, H. (1981). *Schriften zur Praxis der Psychoanalyse: Vom spiegelnden zum aktiven Psychoanalytiker.* Frankfurt a. M.: Suhrkamp.

Urbaniok, F. (2000). *Teamorientierte stationäre Behandlung in der Psychiatrie.* Stuttgart: Thieme.

Von Rad, M. (1990). Die Gruppe als therapeutisches Element in der stationären Psychotherapie. In H. Lang (Hrsg.), *Wirkfaktoren der Psychotherapie* (S. 98–112). Berlin: Springer.

Von Rad, M., Schors, R. & Henrich, G. (1994). Stationäre psychoanalytische Psychosomatik. Konzepte – Basisdaten – Therapieziele. In B. Strauß & A. F. Meyer (Hrsg.), *Psychoanalytische Psychosomatik. Theorie, Forschung und Praxis* (S. 152–164). Stuttgart: Schattauer.

Von Wietersheim, J., Zeeck, A. & Küchenhoff, J. (2005). Status, Möglichkeiten und Grenzen der Behandlung in psychosomatischen Tageskliniken. *Psychother Psychosom med Psychol, 55,* 79–83.

Warsitz, R.-P. (2014). Zeichen indirekter Symbolisierung in poetischer Sprache. Variationen der psychoanalytischen Grundregel nach Wilfred R. Bion und Julia Kristeva. *Psyche – Z Psychoanal, 68,* 840–865.

Weiß, H. & Frank, C. (Hrsg.). (2007). *Projektive Identifizierung. Ein Schlüssel-konzept der psychoanalytischen Therapie.* Stuttgart: Klett-Cotta.

Whiteley, J. S. & Gordon, J. (1979). *Group approaches in psychiatry.* London: Routledge and Kegan Paul.

Winnicott, D. W. (1960). The Theory of the Parent-Infant Relationship. *Int J Psychoanal, 41,* 585–595.

Winnicott, D. W. (1965). *Reifungsprozesse und fördernde Umwelt. Studien zur Theorie der emotionalen Entwicklung.* Gießen: Psychosozial.

Zauner, J. (1978). Das Problem der Regression und die Rolle des Durcharbei-tens im Realitätsraum der psychotherapeutischen Klinik. In F. Beese (Hrsg.), *Stationäre Psychotherapie. Modifiziertes psychoanalytisches Behandlungs-verfahren und therapeutisch nutzbares Großgruppengeschehen* (S. 42–51). Göttingen: Vandenhoek und Ruprecht.

Zepf, S. (2009). Brauchen wir das Konzept der Spaltung? *Forum Psychoanal, 25,* 219–235.

Zepf, S. & Hartmann, S. (2005). Konzepte der Identifizierung. Versuch ihrer theoretischen und klinischen Differenzierung. *Forum Psychoanal, 21,* 30–42.

Zwiebel, R. (1987). *Psychosomatische Tagesklinik. Bericht über ein Experi-ment.* Freiburg i.br.: Lambertus.

Zwiebel, R. (2013). *Was macht einen guten Psychoanalytiker aus. Grundele-mente professioneller Psychotherapie.* Stuttgart: Klett-Cotta.

Stichwortverzeichnis

Timo Storck

Psychoanalyse und Psychosomatik

Die leiblichen Grundlagen
der Psychodynamik

2016. 252 Seiten. Kart.
€ 29,-
ISBN 978-3-17-024838-0

Psychoanalyse
im 21. Jahrhundert

Freud und Leib liegen nah beieinander: Die Konzepte der Psychoanalyse verweisen auf die Anbindung an Leibliches und erfordern
eine differenzierte Konzeption des Leib-Seele-Verhältnisses.
Beginnend mit Freuds Bemerkungen zur Aktualneurose tauchen
Fragestellungen der Entwicklungspsychopathologie, Psychodynamik und Behandlungstechnik auf. Zunächst werden die konzeptuellen Entwicklungen in allgemeiner Hinsicht geprüft, bevor
Diagnostik, Klassifikation und spezielle Krankheitslehre behandelt
werden. Der Band schließt mit Behandlungssettings, gesellschaft-
lichen Aspekten der Psychosomatik sowie exemplarischen Forschungsfeldern.

auch als
EBOOK

W. Kohlhammer GmbH
70549 Stuttgart

150 Jahre
Kohlhammer